鈴木哲也
Tetsuya Suzuki

Towards interactional
expertise

学術書を読む

京都大学学術出版会

目次

「学びたいことが学べない」── 一通のメールから

　学術書の読書，たぶんこれまで誰も書かなかった本を書くきっかけを作ってくれたのは，二人の若者からのメールでした。一通はある日，私の勤務先のパソコンに届いた，大学院生からのメール，もう一通は，新聞社に届いたという女子大生のメールです。

$$* \quad * \quad *$$

　私の勤務する大学出版部では，「専門外の専門書を読む」という趣旨の読書会に取り組んできました。学部生，大学院生を対象に，自らの専門とは別の分野の学術書を，その本の著者自身や編集者がチューター（助言役）となって，半年以上にわたって全書通読するというものです。最初の読書会は2014年に催したのですが，高名な理論物理学者の佐藤文隆さんから直接解説が聞けるという贅沢なもので，参加する学生の学びの刺激は私にとって大変興味深く，その経験をもとに，読書による専門外の学びの重要性について短いレポートを書いたのです[1]。届いたメールは，その拙稿へ向けたものでした。──確かに「専門外の学び」が重要だとは思うし，そのための読書も大事だとは思う。しかし，それは簡単なことではない，というのが彼女の問いです。ご本人の了解をいただいて，その一部を紹介しましょう。

　　……私は入学してから，専門外の書物に触れる機会がないことをとても残念に思っていました。私の専門は言語学ですが，言語ひとつ

1　鈴木哲也「「専門外の専門書を読む」読書会──21世紀市民の「教養教育」を大学出版部が担う」『大学出版』第103号，20-23頁，2015年。

とっても，その言語が使用される土地の歴史，そこに住まう人々の
アイデンティティを知らなければこれを論ずることはできません。
むろん，専門をこえて，科学的に研究するとはどういうことか，と
いう知識も必要でしょう。しかし，自分の研究テーマに関する本ば
かりを読んでいると，これらの知識は手に入りにくいと感じていま
す。

とはいえ，自分で本を探そうと思うと，なかなか難しいことにも
気付きました。

悲しいことですが，専門の書籍でも，最初にふれるにはあまりふ
さわしくない書物（その分野への理解が誤っている人が書いてしまった
本など）があるそうです。もちろん，たくさんの本を読むことで，い
ま手にしている本がどのような位置づけなのかを見抜く目を養うこ
とも大切でしょう。しかし，正直な話をすれば，限られた時間の中
で，とにかく多読，という方法はなかなかむずかしいように感じて
います。

　　　　（中略）

そんなときに，Facebook上で，御出版会の記事を目にしました。

自分の在籍している大学が，専門外の書籍を読む会を催している
と知り，この大学にきてよかったと心から思いました。

と，同時に，「どのようにすれば，はじめに読むべき専門外の書籍
を探しやすいか」を教えていただければと思うのです。……

正直に言えば，私はこのメールを拝見した瞬間には，「何を言ってい
るのだろう」という程度の反応をしてしまいました。私が学生時代を
送ったのは1970年代の終わりから80年代にかけてのことですが，私に
限らず，当時の学生にとっては，専門外の本を選ぶのはさほど難しい

ことではなかったからです。しかし次の瞬間,「いや待てよ」と思い直しました。なぜなら,当時と40年後の今とでは,学びの環境や読書をめぐる状況が大きく違うからです。

　一つは大学教育の制度的違いです。私の学生時代には,専門教育とは区別された形で広く専門以外の学問分野(一般教育あるいは「教養教育」と呼ばれました)を学ぶことが国の制度として義務づけられていました。学生は,人文学から自然科学まで,自らの「専門外」の事柄についてかなりの科目数を必須単位として履修していたのです[2]。「教養」という言葉には陰りが出ていましたが,「教養主義の没落」[3]というほどの時代でもなく,制度としても雰囲気としても,専門外の本に否応なく触れる仕組みがありました。ところが,その後,大学教育に対する法的・制度的規制が大幅に緩和され[4],カリキュラムについても一般教育と専門教育科目の区別が廃止されていわゆる「専門志向」が強まり,専門外の学問分野についての学びを重視するという雰囲気は,弱まっていきました。

　そしてもう一つ,以前,私が『学術書を書く』[5]という本で詳しく紹介したように,本をめぐる状況が現在と当時とでは大きく違うのです。それには,量的な面と質的な面があります。

　まずは物量的な状況で,1970年代の日本では,年間2万点ほどの新刊書が発行されていました。驚くべきことに,この「年に2万点」という数字は,すでに昭和の初め頃には記録されており,1930年代の新

2　大学によっては,そのための教育を担当する「教養部」と呼ばれる独立した組織を設けてそこに入学後の学生を在籍させ,必要単位が充足すると学生は学部へ進むというシステムをとっていたところも少なくありませんでした。
3　竹内洋『教養主義の没落——変わりゆくエリート学生文化』中公新書,2003年。
4　学校教育法や大学設置基準の改正(1991年)など。
5　高瀬桃子さんとの共著,京都大学学術出版会,2015年。

刊書の年間発行点数は，70年代よりも多いほどでした。アジア太平洋戦争の敗戦前後には激減しますが，その後は急速に回復し，そのまま80年代の初めまでは同水準で推移します。人口の推移や高等教育への進学率などを考えれば，昭和前半期の日本の読書量の多さは驚くべきことと言って良いでしょうが，いずれにしても，約半世紀にわたって，日本の新刊書籍量にはほぼ変化はありませんでした。ところが80年代の半ば以降，新刊発行点数は文字通りうなぎ登りで，今や，毎年7万点余り[6]（2013年には8万数千点）の新刊書が世に送り出されています[7]。

いわゆる「教養主義」の時代，20世紀前半までの学生の間では「定番教養書」というものがあって，そのいくつかを読んでいれば大学生らしい顔をできたとも言われますが，私の学生時代にも，やはりそうした「定番」的な本はあり，また学術書を刊行する出版社も限られていて，たとえば大学出版部の数も現在の4分の1ほどしかありませんでした[8]。ですからいくつかの老舗出版社の広告や新聞の書評欄を眺めていれば，それらしい本を選ぶことができたのです。しかし，その数が4倍になってしまったとなるとそうはいきません。物量が4倍になれば，選書の難しさは明らかにそれ以上に高くなります。

そして最後に，これが最も重要なことなのですが，学術界における本の位置付け，あるいは機能が激変したということです。

いまの大学1年生には想像もできないことでしょうが，当時は，パソコンでインターネットにアクセスして物事を調べるという光景は，世界のどこにもありませんでした。わからないことがあれば，図書館で本や学術雑誌のページを丹念にめくって調べなければなりませんで

6　2018年のデータ。第69回『日本統計年鑑』総務省統計局，2020年，より。
7　鈴木哲也・高瀬桃子『学術書を書く』京都大学学術出版会，2015年，5-6頁。
8　同前『学術書を書く』，8頁 表序-2。

した。事柄によっては，一つの疑問を解決するのに，いまの時代の100倍，いやそれ以上の時間を要したと言って良いかもしれず，その点いまは，Googleで検索すればあっという間に解決する疑問も少なくありません。実に便利な時代ですが，昔はその分，時間をかけて印刷物のページをめくる中で，知らず知らずのうちに当座の目的としない事柄が眼に入る，つまり，専門外の事柄にアクセスしていたのです。それは日常の書店で本を買うという行動にも共通していて，目的の本を探しながら書架を眺めていれば，当然，数多の本を目にすることになり，その中には思いがけない出逢いもある。しかし検索で目的の本を一瞬で見つけてしまうと，書架なら出逢えたかもしれない本は不可視のまま除外されてしまいます。そうした問題が必ずしも利便性と相反するというわけでもありませんが，本との思いがけない出逢いという身体経験が，ICT時代とそれ以前とではずいぶん違ったものだというのは確かでしょう。

さらに，本書第III部で述べるように，かつては本にも重きが置かれていた「同じ分野の専門家」間での研究発表メディアの主流が学術雑誌に移り，研究分野によっては，雑誌論文の投稿数・被引用数で研究者が評価され，本を書くことが業績にならないようになる。また学部教育においても，各種の電子メディアが活用され必ずしも本としての教材が必要でなくなっている。つまりかつて本が学びの世界で占めていた位置は大きく変わりました。私はこのことは，学術書にとってポジティブな変化だと思っていて，本は，狭い専門家間でのコミュニケーションではなく，専門を越えたコミュニケーションのメディアとしての重要な役割を担うようになったと主張しています[9]。学術書が専門

9　同前『学術書を書く』，18-31頁。

家以外に向けられたものになるとすれば，読者の側にとっての本への
向き合い方，本の選び方も自ずと違ってくるでしょう。

　学びの制度も違い，本の物量や機能もこれほどまでに違ってきたと
いうことは，すなわち知をめぐる社会状況に構造的な変化があったと
いうことです。本書では，今日の知の構造の持つ問題点の一端を，読
書という視点から論じることになりますが，ともかくそうした状況の
もとでは，「専門外の本を読め」と無責任に放言するわけにはいかな
い。確かに何らかの方法論が必要だと気づいたのです。

　そこで，私なりに「専門外の専門書」の選書の方法を考えてみよう
と，彼女と1か月近くメールのやり取りをしました。ここである程度，
問題の輪郭はつかめたものの，日常の業務に追われて，それ以上まと
まった形で考えることができないでいたのです。

　そんな私の背中を押してくれたのが，2019年8月に『朝日新聞』に
掲載された記事でした[10]。「学びたいことが学べない」と始まる記事で，
同紙「論の芽」欄に届いた女子大生のメールから企画されたとのこと
でした。彼女は，国際関係の学部で学び，授業を英語で受け国際的な
舞台での活躍を目指している方とのことですが，世界について学ぶ中
で，「遺伝子や世界のエネルギー事情，介護や保育業界の人手不足問
題，生活保護など」へ関心の範囲が広がった。にもかかわらず，そう
した事柄について，他の学部や学科の講義を受けようにも，その仕組
みがないというのです。私の学生時代であれば，他大学の講義ですら
「もぐり」で聴けたものですが，彼女の大学では，講義の入室時に学生
証を機械で読み取るため，それすらできない。転部や転科を大学に相

10　後藤太輔「論の芽　文系と理系の壁，学びたいことが学べないのでは？　大学生・丹伊田
　　杏花さんに聞く」『朝日新聞』2019年8月6日付朝刊。

談しても「4年で卒業できなくなる可能性もある」と言われ，「結局，私の学びたいことは学べないと感じました」という悩みが紹介されていました。

　いま，「専門外の学び」は，これほどに難しくなっているのか──最初に大学院生のメールをいただいてから4年，忙しさを理由に彼女の問いを棚上げにしていた自分を恥じると同時に，専門外の読書の方法論を考えるには，そもそもなぜそれが重要なのか，さらには「学びたいことが学べない」時代の背景についても考えながら，専門外の学びの意味やそれを阻んでいるものは何かといったことについても，より深く考える必要があると感じました。そう思って執筆したのが本書です。

＊　　＊　　＊

　第Ⅲ部第9章で述べるように，読書をテーマにした本は多く，1990年代以降，読書に関する本が多数出版されるようになり，特に2000年代に入ってからは，毎年10冊以上のペースでいわゆる「読書本」が刊行されています。本書も読書を扱った本ではありますが，目的や性格はずいぶん違います。一つには，本書は主に本の選び方に焦点を当て，「読解」や「読破」の方法はほとんど扱いません。読書の方法をめぐっては，「速読」や「多読」，つまり効率的に本の概略をつかんで使うといった方法に関しての本が多く出ていますが，本書はそれとは違った立場から，「専門外の学び」の重要性とそのための読書について考えます。また，できるだけ具体的に，現在書店で入手しやすい本を紹介しながら話を進めていきますが，「××のための××冊」といったような形で，推薦書を網羅的に列挙するような書き方はしません。あくまで学術書の読書の意義と選書の方法を考えることが主題であって，その選書法に基づいて選ぶべき本はたくさんあるので，それらをすべて紹

介することはできないと思うからです。

　また先述したように，本書では現在の学術をめぐる社会状況に関しても，必要に応じて触れていくことになります。具体的には，第Ⅰ部（「考える」）でそもそも専門外の本を読むことの意味について考え，第Ⅱ部（「選ぶ」）でその選書法を四つのカテゴリーに分けて紹介します。そして第Ⅲ部（「読む」）では，今日の「知の評価」の在り方について学術書を出版する者の立場から考えながら，実は，「学びたいことが学べない」状況を作っているのは，もっと大きな社会要因なのだということを明らかにして，その枷からどうすれば脱出できるのか，読書という視点から提案してみたいと思います。

＊　　＊　　＊

　そうした議論の性格上，本書では学術文献も最小限引用しますが，まだ大学に入学したばかりの方や入学前の方にも違和感がないように，脚注で論文等の書誌を示す形にしました。脚注には，本文で紹介すると冗長になるエピソードも入れましたので，本を楽しむ際の参考にしていただければと思います。参照した文献は巻末にまとめましたので，特に第Ⅰ部や第Ⅲ部に関わってより詳しく知りたい方々は，それらのリストを参考にしてください。また本書で，専門外の本選びの具体例として紹介する本の中には，新書や「一般書」として発売されているものもいくつかあります。というのは，本書では学術書を「学術的な問題意識を持って，学術的なトレーニングを受けた者が，学術的な認識・分析方法と作法をもって書いた本」という程度の広い意味で定義したからで[11]，大学の学部１年生，できれば高校生でも学術的な著作に親しんでほしいと考えたからです。なお，本書の「あとがき」を除く本文で紹介する人々のお名前については，存命の方については，原則すべて「さん」付けで記し，物故者については敬称を省き，存命かと

うかが不明な方々については「氏」を付けました。紹介した方々はいずれも尊敬すべき学識者で、私自身、直接にご指導をいただいた方もありますが、私が学び、今も微力ながらお手伝いしている京都大学、特にフィールド科学分野の慣習にならってそのように記します[12]。単に作法の問題ではなく、学術書を読む際に、著者やその研究分野を絶対視せずに、しかも敬意を払いながら身近なものとして読むということも、大切な心構えだと思うからです。

　「学術書の読書」を正面から掲げた本はこれまでありませんでした。それを論ずるのに私が相応しいかどうか不安もありますが、本書を通じて、多くの学生、研究者、市民の方々が、「知識基盤社会」[13]としての21世紀に生きるための技法について考えていただければ幸いです。

11　したがって、たとえば環境問題に関して、作家やジャーナリストが文学的、社会的な問題意識に基づいて書いた本の中にも、専門外の学びに役立つものはたくさんありますが、そうした本は対象にしませんでした。しかし、何が学術であり何が学術でないか、その境界は何かという問いは、それ自体が研究と論争の対象になるほどに極めて深い問題です。本書では、それについての議論はしません。ただし、「あとがき」で「対話型専門知」という概念を用いてもう一度、話題にしようと思います。

12　フィールドワーカーの知の在り方にならう理由に関しては、本書「あとがき」でも触れます。

13　文部科学省科学技術・学術審議会「知識基盤社会を牽引する人材の育成と活躍の促進に向けて」平成21 (2009) 年 8 月31日など。

I

考える
学術書を読む意味

1

「現場の哲学」が求められる時代
——「専門」の限界

▍複雑さを増す社会の中で

　1990年代以降，大学においてそれまで「一般教育」「教養教育」と呼ばれていたもの，すなわち専門外の学びが弱体化したとしばしば言われますが[14]，皮肉なことに，それ以降，日本では大きな自然災害が相次ぎ，防災や復興に関わる学術研究に対して，専門を越えた取り組みが求められるようになりました。なかでも2011年3月の東日本大震災とそれに伴う原発事故をめぐる問題の大きさや複雑さをめぐっては，国の政策として学際的な取り組みへの提言がなされています[15]。しかし私は，この問題を政策や大学における教育・研究の問題としてだけではなく，今の時代を生きる市民全体の問題として捉えるべきだと言ってきました[16]。私の学生時代とは違い，大学受験のずっと前の段階で進路選択が迫られ，高校での履修内容ですら文系志望と理系志望では大き

14　大学教育に関する構造変化については様々な立場から数多くの論考がありますが，1990年代の二つの出来事，すなわち「大学設置基準の大綱化」によって一般教育と専門教育の制度上の区分が無くなったことと，いくつかの大学における「大学院重点化」がそれを促進したという点では，どの議論も一致していると言って良いでしょう。

15　文部科学省科学技術・学術審議会「東日本大震災を踏まえた今後の科学技術・学術政策の在り方について（建議）」平成25（2013）年1月17日。

く異なっている今の時代は，専門的な事柄（多くの人にとっては専門以外）についての知識は人によって大きな差が生まれ，それが肝心なときの合意形成に影響していると感じるからです。冒頭で紹介した『朝日新聞』の記事も，「高校時代に進みたいと思っていた職業に就く人がどれほどいるでしょうか。20歳になる前に文系・理系を選ぶことの常識を疑う声は，複雑化する社会を考えると自然だと感じました」と結ばれています。

　たとえば大津波や大規模な豪雨に対する防災を考える際に，徹頭徹尾，狭義の「工学技術」の視点のみで対策を考えることは可能でしょう（あくまで括弧付きなので誤解のないように。多くの工学者は，自然と人の共生を強く意識しています）。巨大な防潮堤を日本列島の海岸に延々と設置するというような考え方です。しかしそうした発想に，反対する人々がいるのも当然でしょう。いくら巨大な構造物を設けたとしても，数百年に一度レベルを超えた数千年に一度レベルの災害にはたぶん太刀打ちできない。万年単位の時間幅で発生する巨大な火山噴火は，文字通り人知を超えるものとなるのは確実で，こうした災害に対しては，いかなる工学的な対応も無力でしょう。ですから，景観美や健全な生態系の保全という視点を台無しにして，そこまでのコストをかけて対策を打つべきか。数万年，数千年と言わず，仮に数百年に一度の規模に備えるとしても，その間のメンテナンスはどうするのか？　コスト/ベネフィットという意味でも無駄であるし，何より美しくない……。

16　鈴木哲也「知のコミュニケーションの再構築へ——学術出版からランキングと大学評価を考える」石川真由美編『世界大学ランキングと知の序列化——大学評価と国際競争を問う』京都大学学術出版会，2016年，159-196頁，「講演会：『学術書を書く』から学術書を「読む」へ——本を軸にした知のコミュニケーションの技法を考える」『大学図書館問題研究会誌』第44号，13-37頁，2018年，など。

実際，宮城県などでは，巨大な防潮堤の設置計画に対して，県と地元が対立した事例もあるようです[17]。

　しかし，こうした二つの立場を調整して社会的な合意を形成するのは簡単ではありません。そこには，安全・安心とは何か，利便性とは何か，美しさとは何かといった，人の精神価値の本質に関わる問題があり，これらの問題を共有するためには，一つ一つの論点について，事柄を定義する必要があるからです。こうした価値をめぐる対立はもともとダム開発や河川改修といった際には常に問題になってきた事柄ですが，土木事業以外にも，生活の質，つきつめれば人の精神価値との関わりで物事を考え技術や政策を評価すべき事柄は近年ますます広がっています。iPS細胞を使った医療や創薬，悪疫に対する闘いなどはその代表的問題群でしょう。そして大事なことは，こうした事柄は私たち市民一人一人に関わる問題であるだけに，たとえば応用倫理学や社会工学といった学問領域で専門的に研究されるものであると同時に，専門家任せにするのではなく，社会全体で考えるべき問題群だということです。私はそれを「現場の哲学」と呼びたいのですが，まさに，それぞれの専門，職業，社会的な立場を越えた「現場の哲学」が求められているのが今の時代だと思います。

　では「現場の哲学」はどうすれば構築できるのか。

方法や認識の壁を越える対話としての読書

　たとえば生殖医療や遺伝子治療といった人による生命操作について，

17　気仙沼市防潮堤を勉強する会 https://seawall.info/ 2020年4月22日閲覧。

キリスト教圏，イスラーム圏，仏教圏ではそれぞれ違った受け止め方がある[18]ように，自然と人の関わり方については，世界中一様の価値観が覆っているわけではありません。それぞれの社会に通底する独自の精神的な価値があり，それらはもとから自然に存在するのではなく，おそらく最初はそれぞれの風土に応じた皮膚感覚であったようなものが，言語化され，何らかの意味でまとまった体系となって次の世代に受け継がれていったものでしょう。つまり極めて歴史的・言語的な事柄なのであり，そうした理解なしには「現場の哲学」は作れません。そこで問題になってくるのが，専門外の学びであり学術書の読書です。

　言うまでもなく，美，善，正義，幸福などの精神的な価値の歴史性，言語性について議論してきたのは，哲学や美学，倫理学といった人文学です。同時に人文学は，認識論・方法論といった，諸科学が科学としてあるための上位知識（メタ知識）を示してきました。また人間社会とは何か，その構造や規範，そしてそれらの変動といった，社会的合意形成の基礎となる事柄についての歴史性や地域性について説いてきたのが社会科学です。これら諸学問が培ってきた知を抜きにしては，現代の諸問題を考えることはできません。しかし一方で，そもそもの災害のメカニズムを解明する地球科学や，水と土地との関係を解析する河川工学・水文学，大規模な構造物の建設を可能にする土木工学，それらの自然一般への影響を評価する生態学などの知見がなければ，先に挙げた防潮堤をめぐるような議論は，文字通りの空理空論になってしまうのは明らかです。

　厄介なことに，こうした学問は，それぞれアプローチも違い事柄の

18　森崇英『生殖・発生の医学と倫理——体外受精の源流からiPS時代へ』京都大学学術出版会，2010年。

評価軸も様々です。同じ自然科学系の川を扱う学問だと言っても，た
とえば河川工学と陸水の生物学では，扱う時間軸・空間軸は格段に違
う。ダムからの放流の生物影響を考えるという同じテーマに対して，
生物学者がセンチメートル単位で生物の生息空間を区切って議論する
のに対して，工学者はキロメートル単位で発言するのは当たり前の光
景です。ですから，専門領域を越えた議論のためには，どうすれば共
通の評価軸で議論できるのかを探る必要がある。そのためには，まず
自分と相手の方法や認識の違いを知った上で，より上位の（メタレベル
の）知識も参照しながら考えることが不可欠でしょう。そこで重要に
なるのが，「本」です。

　冒頭でも触れたように，多くの学問領域において，教育・研究のメ
ディアの主流となっているのは学術雑誌です。しかも，学術雑誌での
発表が研究者の業績評価の主軸となっている現状では[19]，同じ領域の専
門家同士のコミュニケーションは，ますます学術雑誌主体にならざる
を得ないでしょう。しかし，第Ⅰ部第3章や第Ⅱ部第5章で述べるよ
うに，同じ領域の専門家（同業者）向けに書かれた論文は，その分野の
トレーニングを欠いた者がきちんと理解するのは難しいことです。そ
こで，専門を越えたコミュニケーションのメディアとして「二回り，
三回り」外[20]に向けて書かれた本があれば，同じ問題を全く別の観点か

19　こうした「学術雑誌に駆動された研究」のもつ危険性に関しては，本書第Ⅲ部で考えたい
　　と思います。より専門的には，社会学者の佐藤郁哉さんや苅谷剛彦さんが大変的確に論じ
　　ておられるので参照してください。佐藤郁哉「「論文化」の行き着く先にあるもの──学
　　術コミュニケーションの植生遷移」『大学出版』121号，14-19頁，2020年。苅谷剛彦「学者
　　は──それでも──なぜ本を書くのか：研究評価と学術書」『大学出版』121号，1-6頁，2020
　　年。佐藤郁哉編著『50年目の「大学解体」20年後の大学再生──高等教育政策をめぐる知
　　の貧困を越えて』京都大学学術出版会，2018年。苅谷剛彦『追いついた近代 消えた近代
　　──戦後日本の自己像と教育』岩波書店，2019年，など。
20　鈴木・高瀬前掲書『学術書を書く』。

ら考えていくための有効な道具になる。「現場の哲学」という観点から言えば，学術書は市民にとっての知的な武器にもなり得ると言って良いでしょう。

2

自省作用と創造
── 専門外の学びの機能とその楽しさ

▌量子力学を拓いたハイゼンベルクの読書

　専門外の専門書を読むことは，喫緊の社会的課題への取り組みのためばかりでなく，自らの専門自体を豊かにする上でもとても大切なことです。専門分野の垣根を越えた交流が学問の発展の上で重要であることは，これまでも多くの方々が指摘してきたことですが，ここでは，学術書の読書という視点からお薦めしたい何冊かの本をご紹介することで話を進めましょう。

　ドイツの理論物理学者ヴェルナー・カール・ハイゼンベルク（1901-1976年）は，現代物理学の発展に絶大な貢献をした人ですが，科学者の生き方としても，理系・文系問わず知るべき人だと私は思っています。彼は，25歳のときに行列力学を，26歳で不確定性原理を導いて量子力学の確立に大きく寄与し，31歳の若さでノーベル物理学賞を受賞したのですが（1932年），ちょうどその時代，ドイツではナチズムが台頭し，迫害されたユダヤ人ばかりでなく多くの科学者がドイツを去りました。そんな中，ハイゼンベルクは，相対性理論とユダヤ人科学者を擁護し（ナチスはユダヤ人だったアインシュタインの業績を認めませんでした），ナチスになびいた科学者たちから「白いユダヤ人」と呼ばれて激しく攻撃

されながらも，母国にとどまりました。ハイゼンベルクの自伝『部分と全体——私の生涯の偉大な出会いと対話』（山崎和夫訳，みすず書房，新装版，1999年）によれば，量子力学の創設者の一人マックス・プランクの「今は生き残るために妥協を強いられるにしても，破局の後の新しい時代のドイツのために残るべきだ」という言葉を受けたからだと言います。

第二次大戦中は，ナチスに命じられ原爆開発に携わりましたが，デンマークにいたニールス・ボーア[21]に開発に必要な技術に関するメモ（重水炉に関したものだと言われます）を渡し，「原子爆弾は理論上は開発可能だが，技術的にも財政的にも困難で，この戦争には間に合わない」旨を伝え，ボーアはそのメモをアメリカに渡す一方，ハイゼンベルク自身は重水炉の開発を意図的に遅延させ，ナチスの原爆開発を遅らせると同時に，原爆開発競争の抑止を図ろうとしました[22]。これだけでも世界史的ドラマですが，自伝『部分と全体』に記された若き日の友人たちとの議論と読書は感動的です。

---

21 デンマークの理論物理学者（1885-1962年）。量子力学の育ての親といわれ，アインシュタインをはじめ古典物理学的な因果律を重視して量子力学に反対する論者を説得し，量子力学の形成に指導的役割を果たしました。

22 ヴェルナー・ハイゼンベルク『部分と全体——私の生涯の偉大な出会いと対話』山崎和夫訳，みすず書房，新装版，1999年，292-294頁。しかしボーアから伝えられたメモによって，ドイツの原爆開発が進んでいると判断したアメリカは，科学者を総動員して原爆開発を開始します。事態はハイゼンベルクの意図とは別の方向に進んでしまったわけです。トマス・パワーズの『なぜナチスは原爆製造に失敗したか——連合国が最も恐れた男・天才ハイゼンベルクの闘い』（鈴木主税訳，福武書店，1994年）によれば，ハイゼンベルクの意図を知らなかったアメリカは，何度もハイゼンベルクの暗殺を図り，幸運なことにそれらはすべて失敗に終わったと言います。

23 山崎和夫「ハイゼンベルクとゲーテ」ゲーテ自然科学の集い編『モルフォロギア——ゲーテと自然科学』26号，15-25頁，2004年。

24 Weyl, Hermann, *Raum, Zeit, Materie : Vorlesungen über allgemeine Relativitätstheorie*, Berlin : Verlag von Julius Springer, 1918. 日本語訳は，ちくま学芸文庫で上下巻，内山龍雄訳，2007年。

　ハイゼンベルクは，ワンダーフォーゲルと呼ばれた，（近代主義，人間中心主義に対する広い意味での）自然主義を背景にした野外活動運動のリーダーでした。時には1か月にも及ぶ長い徒歩旅行などをして，キャンプファイヤーの火に照らされながら，生涯の友になる友人たちと文学や哲学について語ったと言います。この頃からゲーテの著作に親しみ，夫人によれば，ゲーテの思想は全生涯にわたってハイゼンベルクに付き添っていたと言います[23]。また，「数学の詩人」と呼ばれた数学者ヘルマン・ワイルがアインシュタインの一般相対性理論を解説した『空間・時間・物質』[24]に出会い，その叙述力に惹かれています。

ヴェルナー・ハイゼンベルク著
山崎和夫訳
『部分と全体——私の生涯の偉大な出会いと対話』
みすず書房

「実用主義」「理想主義」の肥大を抑える外部からの眼

　　私のミュンヘンでの勉強の最初の二カ年は，青年運動の友人グル
　ープと，理論物理学の抽象的・合理的な領域という二つの非常に異
　なった世界のなかで進行した。そしてその二つの領域はともに非常
　に厳しい生活で満たされていたので，私はいつも非常に緊張した状
　態にあった。私には一つの領域から他の領域へ乗り変わることは容
　易なことではなかった[25]。

「容易なことではなかった」と言いながら，常に緊張しつつ異なる領
域を行き来したハイゼンベルクに作用していたものは何だったのか[26]。
「一貫して理論物理学を哲学と不可分のものと考えてきた」（『部分と全
体』日本語版への湯川秀樹の序文）ハイゼンベルクは，後述するように
（第Ⅱ部第7章），著作の中でプラトンや荘子などを引きながら何度も哲学
的な命題に触れます。私は，教育社会学者の竹内洋さんの **『教養主義
の没落──変わりゆくエリート学生文化』**（中公新書，2003年）を読んだ
とき，そこに働いていた力について少しわかったような気がしました。
　　竹内さんは，「文化には「適応」「超越」「自省」という三つの機能が
ある」とする社会学者の井上俊さんの議論[27]を引きながら，文化の学習

25　ハイゼンベルク前掲書『部分と全体』，45頁。
26　こうした分野を越えた往還は，他の多くの世界的識者の自伝や評伝にも記されています。
　　たとえば，極めて多くの著作を残し，日本のフィールド科学の発展に大きな役割を果たし
　　た生態学者・民族学者の梅棹忠夫（1920-2010年）はその代表的な一人です。梅棹について
　　の入門的評伝としては，民族学者の山本紀夫さんによる『梅棹忠夫──「知の探検家」の
　　思想と生涯』中公新書，2012年，があります。
27　井上俊「日本文化の百年──「適応」「超越」「自省」のダイナミクス」『悪夢の選択──
　　文明の社会学』筑摩書房，1992年，81-108頁。

である教養（本書で言う「専門外の学び」もそこに含まれるでしょう）の自省機能の重要性を次のように指摘します。

　「適応」というのは文字通り環境に適応し日常生活の充足を図ることで，平たく言えば実用性です。一方，効率や打算，妥協といった実用性を越える「超越」という働きが文化にはあり，実用主義に対する理想主義にあたります。そして文化にはもう一つの重要な働きがある。それが「自省」，すなわち自らの正当性や妥当性を疑う機能だというのです。そして自省（懐疑主義）は，超越（理想主義）とは違った形で適応（実用主義）を批判するとともに，理想主義に対しても疑義を呈する。逆に，懐疑主義は実用主義や理想主義の批判にも晒される。この「適応」「超越」「自省」のダイナミズムこそが重要だというのです。常に緊張しつつ異なる領域を行き来したと言うハイゼンベルクの内面と

竹内洋著
『教養主義の没落──変わりゆくエリート
学生文化』
中公新書

は，このようなものだったと思えます。そして，専門の世界だけで終始することは，竹内さんや井上さんが指摘するように，適応や超越の側面，すなわち実用主義や理想主義ばかりを肥大化させてしまうのではないでしょうか[28]。

　このことを，現代社会の問題として鮮やかに教えてくれた本があります。

　経済界に大きな影響力を持つ日刊紙『フィナンシャル・タイムズ』米国版の編集長ジリアン・テットさんは，『サイロ・エフェクト——高度専門化社会の罠』（土方奈美訳，文藝春秋，2016年）という本で，かつて非常に優良とされた組織——ソニーやスイス最大の銀行UBS，ニューヨーク市役所，ロンドン・スクール・オブ・エコノミクスなどの大企業や行政，学術機関——で働く人々が，「サイロ」[29]すなわち「タコツボ」にはまってしまったことで引き起こされた問題について活き活きとレポートしています。

　組織が大きくなることで，専門化した部署やポストが次々と誕生する様は普通に見られることですが，その間の交流が乏しくなり，それぞれがサイロのように孤立しやすくなる。サイロがイノベーションの芽を摘んだ例として挙げられるのがソニーですが，かつては創造力にあふれていた同社の技術者たちが際限のない縄張り争いに巻き込まれ，協力する意思や能力を失ってしまったことで，デジタルプレーヤーの開発においてアップル社に大敗する。あるいは，心理的な視野狭窄や身内主義に陥って情報を共有できなかったヨーロッパの金融当局や大手銀行の幹部が，危機につながるリスクを管理できなかったために金

28　竹内洋『教養主義の没落——変わりゆくエリート学生文化』中公新書，2003年，240-242頁。
29　とうもろこしや大豆，あるいは家畜の飼料を蔵置・収蔵する倉庫のことですが，縦長のその形から，英語では「縦割り」の象徴として使われます。

融危機の原因を作るなど，そのレポートの内容はぜひ同書を読んで知っていただきたいのですが，私がここで重視したいのは，テットさんの学問的な出自が社会人類学（文化人類学）だということです。もし彼女の出自が金融経済学だったなら，おそらく，あのようなベストセラーは書けなかったのではないか。英語では，物事を数値と「経済的合理性」でのみ評価する会計担当者のことを「bean-counter」（豆を勘定する輩）と揶揄する表現があるそうですが，現代社会を席巻している「豆勘定」的な視点や手法では，個人間の相互行為の集積としての組織の行動，意思決定の問題は見えてこないと思うからです。問題の根本を抉るには，問題を抱える領域の外側からの視点が有効だということを，この本は良く教えています。まさに「専門外による自省」機能の現れでしょう。

ジリアン・テット著
土方奈美訳
『サイロ・エフェクト——高度専門化社会
の罠』
文藝春秋

専門外の学びはそもそも楽しい——読書会の取り組みから

　「機能」などと書くと，いかにも「××のために」という目的論的で小難しいことのように感じられるかもしれません。しかし，なによりも専門外の学びは楽しいものです。私の勤務する大学出版部が「専門外の専門書の読書会」に取り組んでいることは，本書の冒頭で紹介しました。そのいくつかには私自身も毎回参加していますが，「専門外」からの刺激を受ける学生，院生の方たちの楽しげな様子は，とても印象的です。本の内容だけでなく，記述されている事柄の歴史的背景，科学への向き合い方，古典を読む際の形式的ルールなど，大学の専門課程でも必ずしもはっきり言語化して語られない事柄が，専門外であるからこそ丁寧に解説されるので，その知的刺激は特別なのでしょう。

　そんな中，とても印象的な場面がありました。アインシュタイン方程式における「トミマツ・サトウ解」を発見するなど理論物理学で世界的な業績を収めた佐藤文隆さんが助言者となって，文系の学生・院生が，佐藤さんの著書『アインシュタインの反乱と量子コンピュータ』（京都大学学術出版会，2009年）を読むという読書会の一コマでした。その回での発表者は歴史学を専攻する大学院生のMさんで，量子力学が誕生した当時の理論的発展について，自分で調べた事柄も含めて，本の内容を説明しました。その間，楽しそうに聞いていた佐藤さんが，発表が終わって一言，「M君，よく調べたね。でも君は今，当時の一連の議論を「標準理論」の中で位置付けたけれど，その頃は標準理論な

30　原子核を構成する中性子や陽子を結合させる力。「強い相互作用」とも言います。

31　原子の放射性崩壊の原因となる粒子間の相互作用のメカニズム。核分裂において重要な役割を果たしており，「弱い相互作用」とも言われます。

んて無かったんだよ」と言われたのです。「標準理論」とは，素粒子物理学の三つの基本的な力（強い力[30]，弱い力[31]，電磁力）を記述する理論ですが，量子力学が誕生した当時は，それぞれの力についてもよくわかっておらず，三つの力の関係性を理解する理論もありませんでした。つまり「標準理論の中で位置付ける」とは，現在の到達点から歴史を遡って評価してしまうことになり，その当時の社会背景の中で科学者たちの営みを理解することができなくなってしまうのです。

　佐藤さんはそれを「勝ち組の歴史観」と表現されましたが，その指摘を受けたときの参加者の表情は，カメラがあれば撮っておきたかったほどでした。読書会の参加者の多くはいわゆる歴史学系の学生・院生だったのですが，他ならぬ歴史学の専門家を目指す彼らが，物理学者の指摘に，文字通り虚を突かれたように呆然としたのです。私は，

佐藤文隆著
『アインシュタインの反乱と量子コンピュータ』
京都大学学術出版会

こうした洗礼を受けた若者たちが，将来どんな研究生活，実社会生活を送るのか本当に楽しみになりました。半年の読書会が終わった打ち上げの夜，「京大に来て一番面白い時間でした」と皆一様に言ってくれた言葉に象徴されるように，専門に閉じこもるだけでは決して得られない楽しさが，専門外の専門書の読書には，間違いなくあるのです。

3

「わかりやすい」からの脱却

　さて，このような話を，私はこれまで様々な場所で紹介する機会がありましたが，そうしたとき必ず寄せられる声が二つあります。「楽しいと言うが，学術書は難しい。なぜもっとわかりやすいものにできないのか」と，「読んでわからないときはどうしますか？」というものです。確かに，自分の専門分野ならいざしらず，専門外となれば，どれほどに知性のある方でも「難しい」と感じることはあるでしょうし，敷居が高いと思うのは当然です。わからないときはどうするかという問題に関しては42頁のコラム①で考えることにして，ここでは，「わかりやすい」という問題について考えていきましょう。

┃「わかりにくい」本，「わかりやすい」本

　そもそも，「わかりやすい／わかりにくい」とは，どういうことなのか。この問い自体，文化論，社会論としてきちんと考えようとすると大変難しい問題です[32]。ただ，私のように，毎日，様々な分野の学術論文を読んでいる者の眼からみると，学術書における「わかりにくさ」

32　この問題に関しては，いずれ別稿で論じたいと思っています。

には，いくつかの種類があることが見えてきます。

　一つは，その分野の学問特有の概念や方法に関して，読者が基礎的なトレーニングを受けていないので，内容全体が理解できないというものです。たとえば，私の勤務する大学出版部では，*Black-Hole Accretion Disks*[33] という英語の本を出していて，実は世界中でよく売れた本なのですが，私にとっては内容はほぼ完全にわかりません[34]。ブラックホールの周囲を公転しながら落下する物質が円盤状の構造を作り，物質が中心のブラックホールに向かってらせん状に落下していくその円盤（降着円盤 accretion disk）の振る舞いを研究した本である，ということが前書きからわかる程度です。というのも，現代物理学を理解するには，ある程度以上の高等数学のトレーニングが不可欠だからで，大学で人文社会系しか学ばなかった者にとっては決定的に基礎理解力が欠けているからです。もちろん人文学や社会科学の本でも，哲学や論理学の基礎知識や個別分野の研究史・最新の概念を学部や大学院で学んでいない者にとっては，何を問題にしているのかさえわからないという本は存在します。

　また，そうした基礎的知識の欠如は問題にはならないのだけれども，ペダンティック（衒学趣味的）な，平易に書こうとすれば書ける事柄をわざと読者には耳慣れない言葉を使って表現しようとする本も，世の中には存在します。文の主述の関係が判然としないとか，議論の方向がつかめないというような，いわゆる「悪文」に満ちた本もこの一種かもしれませんが，これらも「わからない」ものの一つでしょう。

33　Shoji Kato, Jun Fukue and Shin Mineshige 著，1998年。著者たちは，当時，ブラックホール降着円盤の研究で，世界のトップを走っていました。
34　言うまでもなく大学出版部では，こうした本の企画編集は，その分野の基礎的トレーニングを受けている者が担当します。

　しかし，こうした決定的に難しい本や「難しいふり」をしている本は，実はさほど多くありません。最も多いのは，数学的な記述が多いわけでもなく，研究史的な前提もさほど要求しないけれども，見知らぬ用語やデータ，図表に満ちていて，読者にとって一見なじみにくいという種類のものです。実際には，丁寧に議論を追い，時には辞書やインターネットで用語の意味を調べながら読んでいけば，たとえ細部の専門的な記述は理解できないとしても，内容の大枠はわかる，結論は腑に落ちる。つまりテーマへの関心と多少の粘り強さがあれば，専門外の者でも全く理解不能というわけでもない。実は学術書の多くはこのようなものです。言い換えれば，専門外の読者にとって絶対的に難しいというものは，さほど多くはありません。

　これを要するに，「わかりにくい」と言われる本は，たいていの場合，理解するにはそれなりの根気と時間と好奇心を必要とするという程度のものだということです。逆に言えば，「わかりやすい」とは，基礎的な知識のない者でもほとんど何の躓きもなくすらすら読める，ということになるかと思いますが，その分，学問的な精密さや深さに欠けると言って良いでしょう。稀代の読書家として私が尊敬する数理生物学者の三中信宏さんは，ご自身の読書ブログの中で「流動食のような」本という言葉を使っておられますが[35]，絶妙な表現だと思います。流動食が，健康な人にとっては舌や喉に何の刺激もない，つまりは美味しくないものであるのと同様，こうした本は，知的刺激に乏しいという意味でしょう。この喩えを使えば，いわゆる「難しい本」とは，「噛み応えのある本」と言い換えることができるかもしれません。

　もちろん私は，本は難しければ良いと言っているのではありません。

35　三中信宏 読書ブログ「leeswijzer: een nieuwe leeszaal van dagboek」https://leeswijzer.hatenadiary.com/

学術書であっても可読性が大事であること，「著者自身の専門の，〈二回り，三回り外〉の専門家」に向けて書くべきであり，そのための丁寧な工夫をすべきだということは，拙著『学術書を書く』でも具体的に論じたところです。ここで私が問題にしたいのは，「わかりやすい」という言葉が，読書や学びの持つ意味をむしろ損なっているのではないか，ということなのです。

「わかりやすい」とバブル時代

「本は，読みやすく，わかりやすくあるべきだ」という言葉はいつ頃から言われるようになったのか。私には今，それを十分な証拠を示して論じる資料は欠けています。ですが，出版関連の業界紙誌や総合誌の記事を時代を遡って見ていくと，ぼんやりとながらも見えてくるものがあります。

1985年から発行されている『大学出版』誌[36]の第5号（1988年5月1日発行）で，当時，共同通信社の文化部次長で読書欄を担当していた藤野雅之氏は，次のように始まる文章を書いています。

> いま，新聞の読書欄は大きな変化に直面している。それは出版界の事情の変化にも対応しているようだ。その変化を一口で言えば，やや古い表現になるが「軽薄短小」ということである[37]。

藤野氏によれば，その頃，新聞の紙面一般に対して「読みやすくわ

36　大学出版部協会発行。2020年4月現在での発行号数は122号。
37　藤野雅之「読書欄の編集事情」『大学出版』第5号，5頁，1988年。

かりよい記事を」という要請があり，読書欄に対しても「難しい本は
避ける」という力が働いていたそうです。同じ号の『大学出版』誌に
は，毎日新聞学芸部（当時）の奥武則氏も寄稿していますが，奥氏に
よれば，『毎日新聞』の読書欄に長く掲載されていた「研究室」という
学術書を紹介する短評欄が廃止され，やはり「読書欄は堅すぎる」「難
しい」という声が強くなったことが廃止の理由の一つだったようだ，
といいます[38]。

　一方，その3年前になる1985年には，岩波書店の総合雑誌『世界』
が「大学生と読書」という特集を組んでいます。これはその前年に行
われた「学生生活実態調査」（全国大学生活協同組合連合会）において，
本を「あまり読まない」「読まない」と回答した学生が4割以上にのぼ
り，読書時間も1日1時間に満たないことへの驚きから企画されたも
ののようです。実はそれからおよそ30年，2017年の「学生生活実態調
査」では，1か月の読書時間がゼロと答えた学生が全体の5割を超え，
それが大きなニュースになるほどですが，ここではいわゆる「読書離
れ」については議論しません。興味深いのは，そうした実情を背景に
した特集でも，当時，本が「難しい」ことは問題になっていないので
す。むしろ，第Ⅲ部第9章でも紹介するように，その特集号では「難
しい」本との「格闘」が勧められているほどなのです[39]。

　確かに，1970年代の後半から1980年代のはじめにかけて大学で学ん
だ私自身の記憶を辿っても，今では，社会全般で当たり前のように口
にされる「わかりやすく」という言葉は，当時ほとんど聞いたことが
ないようにも思います。実は私は以前，「「わかりやすい」「親しみやす

38　奥武則「「学術図書」と新聞の読書欄」『大学出版』第5号，4頁，1988年。
39　岸本重陳「ひと月五千ページを」『世界』1985年5月号，105-109頁，1985年。

い」は現代日本の病理だ」と書いたことがあり[40]，それが始まったの
は，大学進学率の上昇によって知の構造変化が急速に進んだという1970
年代のことだろうと，漠然と推測していました。『わかりやすい学会発
表』（1969年）という本を皮切りに，『わかりやすい社会学』『わかりや
すい解剖・生理学』など，学術的な書籍にも「わかりやすい」という
タイトルの本が急速に増えていくのが，1970年代の初めだからです。

　しかし，70年代末に学生だった者の記憶から言えば，まだその頃は
「わかりやすい」ことは，社会においてさほど重要な規範ではなかったと
思いますし，「わかりやすく発表しろ」「わかりやすく書け」という圧力
はあまりなかった。むしろ一種ペダンティックなスタイルが格好いいとも
されていて，私のような怠惰な学生にはそれが癪に障るときも多かった
ように記憶します。つまり「わかりやすく」という社会傾向が1970年代
に始まっていたのは確かでしょうが，あたかも行動規範のように社会を
覆っていったのは，それよりずっと後，いわゆるバブル経済期[41]と重なる時
代からなのかもしれません。「わかりやすさ」が社会の基底となる――これ
を私は「わかりやすい」パラダイム[42]と呼んでいます――のがバブル
期のことであるとすれば，バブル期がその後の出版界・読書界の変化
はもちろん，日本社会に何をもたらしたのかを説明できるのかもしれ
ない。だとすれば，「わかりやすい」パラダイムは，歴史的な総括が必
要な事柄なのかもしれないとも思いますが，この点については第Ⅲ部で，
「速読」「多読」を強いる社会傾向と併せて考えることにしましょう。

40　鈴木前掲論文「知のコミュニケーションの再構築へ」。
41　一般には，1986年12月から1991年2月までと言われます。
42　パラダイムとは，一般に「ある時代のものの見方・考え方を支配する認識の枠組み」とし
　　て使われる言葉。もともとは，科学哲学者のトーマス・クーンによって提唱された概念で
　　すが，クーン自身の意図を越えて，今では，上記のような意味で使われます。

丁寧なコミュニケーションを損なう「わかりやすい」

　社会工学者の矢野眞和さんは，いわゆる「大学教育無効説」の検証を目的として，大学時代の学習成果と卒業後のキャリアの関係について，興味深い計量的研究を行っています[43]。それによれば，「現在の読書」（今読書をしていること）はその人の所得に有意に相関し，その「現在の読書」は「大学時代の読書」と相関している，すなわち「大学時代の読書→現在の読書→所得」という経路が描けるというのです。言うまでもなく読書は学びの一形態ですが，大学時代の学びの在り方が，学び続けるという習慣を形作り，それが職業上の成功にプラスに働いているということでしょう。知識社会学を専門とする苅谷剛彦さんは，このデータを踏まえながら，現代においては，学び続けることでしか，その時々の変化に知的に「対応」することはできないと指摘しますが[44]，先に述べた「現場の哲学」も，学び続けて初めて培うことができるものでしょう。

　しかし学びにおいて，易しい事柄を漫然と見聞きしていただけでは，身についた力にならないのは明瞭です。たとえば小学校で，ごく易しい事柄ばかりを練習問題を解くこと無しに教える授業があったらどうでしょう。スポーツアスリートが，運動トレーニング無しには決して育たないことは明白ですが，知の力もスポーツと同様，負荷のかかるトレーニング無しには決して育ちません。読書においてもっぱら「わ

43　矢野眞和「学習効率から雇用効率への接続──学び習慣仮説の提唱」『大学の条件──大衆化と市場化の経済分析』東京大学出版会，2015年，191-203頁。
44　苅谷剛彦「「大学性悪説」による問題構築という〈問題〉──大学改革における言語技法の分析」佐藤編著前掲書『50年目の「大学解体」20年後の大学再生』，3-58頁。

かりやすい」ことを要求するのは，身体への負荷をかけずに身体を鍛えようとするのと同じです。

　もちろん，何の運動経験も無い者がアスリートの技を真似れば怪我をしかねないように，どんな事柄にも，段階を追って理解する（身につける）ことは不可欠です。日本が誇る生態学や霊長類学，人類学等の分野で優れた人材を育てた今西錦司[45]は，学術的な内容であっても丁寧で平明な日本語で書くということを徹底し，学生らにもそう指導したと言います。こうしたエピソードを聞くにつけ，できる限り平明な言葉で丁寧に書くことは，後進を育てる教育はもちろん，研究を進める上でもとても大切なことだと思います[46]。

　実は私は，学術書が読者の立場に立った記述の丁寧さを失ったのは，研究業績の評価の在り方が変わったことで，学術界が「他者」を意識しなくなり学術が社会と乖離したことに深く関わっていると考えています。それによって丁寧な説明が失われ学術書が「難しく」なり読者を遠ざけることで，「わかりやすい」パラダイムを推し進めたのではないか。この点に関しては，第Ⅲ部で詳しく考えてみたいと思いますが，ともかく，ここで問題にしたいのは，「わかりやすさ」を求めることが，かえって，丁寧に説明する，丁寧に読み解くという努力を怠ることにつながりかねないということです。

45　1902-1992年。日本の霊長類研究の創始者として知られ，動物社会の研究から人類社会の起源に迫る人類学の視点と方法を示した生態学者・人類学者。登山家・探検家としても有名で，その学術探検調査の記録は，湯川秀樹による日本初のノーベル賞受賞（1949年）と並んで，戦後復興期の日本に大きな活力を与えたと言います。

46　ちなみに物理学の世界でも，昭和前半期の研究者は，同じように丁寧な文章指導を学生に対して行っていたようです。昭和初期に京都大学で理論物理学を講じた玉城嘉十郎（1886-1938年）は，学生の答案用紙の文章まで丁寧に添削したという逸話を，朝永振一郎（1965年日本で2度目のノーベル賞受賞）が語っています（朝永振一郎「玉城先生の追憶」『玉城教授記念講演集 No.1』京都理学研究協会玉城記念会，1969年，7-13頁）。

　もちろん，一読しただけで誰もが理解できるようにすべき事柄も少なくないでしょう。たとえば機械類の操作や危険物の扱い方についてのマニュアル，薬の服用の注意書きなどであれば，「わかりやすいこと」は，とても大切な要素です。しかし，論理立てて説明する（論理を追って理解する）必要がある場では，事実やデータの提示，思考の方法や前提にする理論の説明を省いて「わかりやすく」してしまうと，どうしても誤解や曲解，無理解につながります。このことは，学術的な事柄はもちろんですが，政治，経済，行政など社会的に大きな影響を与える事柄などについても言えることだと思います。私は職業柄，高等教育や学術研究に関わる政策文書も目にすることが多いのですが，最近では，大事な文書であるにもかかわらず，文章が少なく，むしろほとんど図や表ばかりというようなものが多くなったと感じています。学会など，専門家間で研究成果を発表する際にもそうした傾向があり，言葉を尽くして説明するという作法が，社会のリーダー層から失われつつあるのではないか，という危惧さえ持っています。

　わかりにくいことがあれば丁寧に説明する，説明に丁寧に耳を傾けるという，小学校では当たり前に指導される事柄が，なぜ，大人の世界では希薄になってしまうのか。そして大人の世界を見て子どもが育つのならば，おそらくこの問題は，知識の伝達といった事柄のみならず，人と人の関わり方，より端的に言えば民主主義や人権といった問題にもつながると言って良いでしょう。詳しくは再度，第Ⅲ部で考えますが，難しさを怖れずに，専門外の学び，専門外の専門書の読書に取り組むことは，「わかりやすい」パラダイムを脱却して，これからも予想される大きな社会変動に知的に対応することが求められる社会，すなわち本書冒頭でも述べたように国の政策でも強調される「知識基盤社会」を作っていく上でも，大切な営みだと言って良いと思うのです。

塩漬けにする／補助線を待つ／人に聞く
──「わからない」ときはどうするか？

　31歳でノーベル賞を受賞した天才中の天才と言っても良いハイゼンベルク
でさえ，難解と感じた本があったようですから[47]，「専門外の専門書」を読ん
で，難しさに音を上げたくなるのは当然です。そうしたときにどうするか？

　三中信宏さんは，「学術書の読書」をテーマにした鼎談講演会[48]で，そうし
た場合は「塩漬けにする」と仰っています。放りだしてしまえば腐ってしま
う，そうではなくて，長い時間かかっても塩漬けにしてとっておけば熟成す
るという実に意味深い表現です。読めないのは，自分の持っている問題意識
や事前知識といったものが足りないから。だからそうしたものが整うまで待
ってからまた読むのだそうです。同じことは，「専門外の読書」をテーマにし
た別の対談講演会で，佐藤文隆さんやイスラーム地域研究者の山内昌之さん
も仰っています[49]。このことは，第Ⅲ部でも再度触れますが，わからない部分
に出会ったらそこで立ち止まり，しかし投げ出さずに理解できるのを待つと
いうことは，単に「難しい本と上手に付き合う」ということ以上に，知識を
身体化する上でとても大切なことだと思います。

　さて，その鼎談会でお話しされたもうお一人，私が尊敬する出版人の一人，
三浦衛さんは，わからないときは「補助線」が引かれるのを待つのだそうで

47　ハイゼンベルク前掲書『部分と全体』，10-23頁。プラトンの『ティマイオス』に関するこ
　　のエピソードについては第Ⅱ部第7章でも触れますが，青年期に読んだ『ティマイオス』
　　が，後の理論物理学者ハイゼンベルクを育んだことは間違いありません。

48　大学出版部協会・京都大学総務部渉外課企画，鼎談「学術書を読む──『専門』を越えた
　　知を育む」（2018年2月，朝日新聞社主催「築地本マルシェ」），『朝日新聞』「好書好日」に
　　採録。https://book.asahi.com/article/11795353

49　京都大学附属図書館・京都大学学術出版会主催，活字文化推進会議協力，トークイベント
　　「将来リーダーになる君へ──専門外の専門書を読む」（2014年6月），『読売新聞』2014年
　　8月29日付朝刊に採録。

50　齋藤孝『古典力』岩波書店，2012年，25-27頁。

す。わからないけど面白いと感じるものはある。別の要因が入って来たときに，それが「補助線」になって面白くなる日がきっと来ると思って読むのだそうですが，これも含蓄のある言葉です。理解する上での何かが欠けているとき，そこに別の視点を足してみる。『声に出して読みたい日本語』（草思社文庫，2011年）など読書に関わる数多くの著作のある教育学者の齋藤孝さんは，『**古典力**』（岩波新書，2012年）の中で，「古典を読むための十ヵ条」を提案しておられますが，その中の「我田引水読み」というのが面白い。「とにかく，何でもいいから古典の一節と自分の経験を結びつけてみる。……一点でもいいからつながる共通点が発見できれば，距離は縮まる」[50]と齋藤さんは仰いますが，自分が学びの中で得た何らかの事柄（方法でも視点でも，ある一つの概念でも良い）を足すことで，「あっ，こういうことだったのか」と腑に落ちることがあるものです。

　そしてもう一つ提案したいのが，わからないときに「人に聞く」，あるいは「仲間と読む」ということです。当たり前のことかもしれませんが，実は今の時代，わかる人がわからない人に丁寧に説明するというコミュニケーションが，少なくなっているのではないかと思うのです。読書は畢竟個人的な行為であるとは思うのですが，わからないときには聞く，というすぐにできる小さな営為を積み重ねることは，社会の透明性を高くし，共感を広げるということにもつながるのではないでしょうか。「この本はわからないけど面白い，難しいけれど面白い」ということを広げていくことで，社会が知を共有していくことができるのではないかと思うのです。

齋藤孝著『古典力』岩波新書

選ぶ

Ⅱ

専門外の専門書をどう選ぶか

4

「専門外」の四つのカテゴリー

　現代社会において，専門外の専門書を読むことが，社会的市民的な意味で重要になっているということはある程度おわかりいただけたかと思います。しかし問題はそこからで，前述したように大学での教育制度が大きく変わり，学問の細分化が進み，刊行される本の点数が激増する中では，多くの人が「何を読めば良いのかわからない」という悩みを抱くのは当然です。「速読」「多読」などの読書の技術はしばしば語られるのですが，時間的にも経済的にも限られた条件の中では，むしろ，どうすれば専門外の学びにとって有効な本に出逢えるのか，選書の技について考えることが必要である，というのが私の問題意識です。

　とはいえ，私自身，「はじめに」で告白したように，そうした選書の技術に意識的であったわけではありません。職場に寄せられた一通のメールの問いに，なんとか答えようとするのが，ここからの議論です。したがって，個人的な経験の上に立った試論と言うべきなのですが，いわゆる読書論とはおしなべてそうした経験論的性格を持つものですし，私の場合は，職業柄，毎日，ほぼすべての場合において「専門外」のものばかりを読んでいますので，それなりの経験を持っているとは思います。ですので私の日常から，何らかの普遍性を持った「使える」選書法を見つけられるかもしれないと思っています。

　そう思って自らを振り返ると，一口に専門外の本と言っても，そこにはいくつか色合いの違いがあるということに気づきます。一つは自らの専門（専門的関心）からの距離の遠近で，自分の専門に近い分野とそうでない分野とでは，選び方も読み方も明らかに違います。もう一つは，時代的地理的な距離，すなわち扱われる事柄の時代や場所で，もっぱら現代の事柄を扱った本と，ギリシア・ラテンの古代哲学を読むのとでは，使うエネルギーが圧倒的に異なる。地理的な違いでも同じことで，たとえば家族やケアについての本を読むにしても，それが日本のことなのかフィリピンのことなのかで，理解に必要な努力は違う。私は，この違いを四つに分けて考えると専門外の本を選びやすいと思っています。すなわち

　①自らの専門からは遠い分野

　②自らの専門に比較的近い分野

　③古典

　④現代的課題についての本

です。次章からは，この四つのカテゴリー毎にできるだけ具体例を挙げながら，実践的な選書法について考えてみたいと思います。

5

【カテゴリー①】良質の科学史・社会文化史を読む
——遠い専門外の本を選ぶ

　文学部に入学し，後に教育学部に移った私自身の履歴から言えば，物理学や化学の専門書はとても遠い存在です。第Ⅰ部第3章でも述べたように，先端分野はもちろん，学部後期から大学院修士レベルのものであっても，物理学や化学の専門書を理解するには，圧倒的に高等数学の素養を必要とするからで，高校までに履修した数学の知識では，数学的に記述された本は理解できません。もちろん，人文学や社会科学の本はそれに比べて易しいというのでは決してありません。遠い「専門外」の分野というものは，そもそも理解するための基礎トレーニングに欠けているので，ある程度まできちんと理解するには，大学で学部を学び直すに近い時間と力を必要とする。したがって，私はもちろんですが，たいていの人にとって，それは日常の営みからすれば不可能だろうということです。

　しかし，第Ⅰ部第1章で述べたように，「現場の哲学」を持って現代社会の様々な課題に向き合う，すなわち自分の頭で考えて理解し行動するためには，遠い専門についての理解を諦めてしまうのは間違いです。そこで役に立つのが，自然科学ならば科学史，人文学・社会科学ならば社会文化史の，良質なしかも厚手の概説書です。もちろんこれら「学史」はそれ自体専門の学問分野になっていますから，学術雑誌の論文などは，理解するのに骨が折れます。しかし，本になったもの，

特にその分野の大家が包括的に概説したものや，科学史の専門トレーニングを受けた科学ジャーナリストやサイエンス・コミュニケーターなどによる本には，歴史的な時間性・社会性を重視して科学の発展を記述したものが多く，その学問における人々の認識の過程が書かれていて，学べるものが少なくありません。もちろん，それによって，たとえば量子力学の理論や現象をきちんと理解したとはおよそ言えませんが，アウトラインをつかむことはできます。このアウトラインというのが大事なのです。先に紹介した数理生物学者の三中信宏さんは，異分野をまたぐためには，「研究者ひとりひとりが自らが属する研究分野（および周辺関連領域）の歴史的変遷と科学社会学的動態を"枠組み"として正しく認識する必要がある。」[51]と指摘されていますが，学問の歴史的な動態を知り，そこで何が問題にされどんな方法で何が解決したのかを知ることは，自らの認識論や方法論自体を豊かにします。

　それともう一つ，学史に関わる本は，実のところアイテム数として見れば学術書の中ではそう大きなシェアを占めません。ですから，科学史，歴史学史，人類学史……というように絞り込んで専門外の本を選ぶという方法は，ターゲットを限定して効率的に選べるというメリットもあります。

　いくつか具体的な例を紹介しましょう。

51　三中信宏「学術書を読む愉しみと書く楽しみ——私的経験から」『大学出版』117号，1-8頁，2019年。
52　「火の玉宇宙論」のもとになる宇宙の核反応段階に関する理論は，当時博士課程の学生だったアルファーとその指導教員ガモフによって見いだされたものでした。しかし，明るい性格でジョークを好んだガモフは，アルファーとガモフの間に「ベータ」を挟んで「α-β-γ（アルファ・ベータ・ガンマ）理論」とすると語呂が良いと考え，実際にはこの研究には関わっていない著名な物理学者ハンス・ベーテ（1967年にノーベル物理学賞受賞）を共同執筆者として加えたのです。それによって当時無名だったアルファーの貢献の度合いが低く見られてしまい，そのことでアルファーはガモフを一生恨んだといいます。

科学史を読む
——世界認識の歴史と人の営みとしての科学の姿に触れる

　サイモン・シンさんという科学ジャーナリストがいます。ケンブリッジ大学で素粒子物理学の学位を取った後にBBCに就職して「フェルマーの最終定理」の解決に関わるドキュメンタリー番組を作り，この時の取材をもとに書き下した『フェルマーの最終定理』（*Fermat's Last Theorem: the theorem's initial conjecture and eventual proof*，1997年）が世界的ベストセラーになった人です。他にも，『暗号解読』（*The Code Book*，1999年），『数学者たちの楽園——「ザ・シンプソンズ」を作った天才たち』（*The Simpsons and Their Mathematical Secrets*，2013年）など，その多くは翻訳家で理論物理学者の青木薫さんによる優れた日本語で読むことができます。中でも遠い専門を学ぶための入門として最適なのは，**『宇宙創成』**（青木薫訳，新潮文庫，2009年。最初は『ビッグバン宇宙論』として単行本で刊行され，改訂された文庫版で改題）だと思います。原著タイトル*Big Bang*に示されたように，「ビッグバン宇宙論」の誕生とその受容の物語ですが，遠く古代世界に遡って人々の宇宙認識の歴史を示すと同時に，科学的発見を規定する理論や方法（パラダイム）の問題，問題を解決する個々のステップが社会に与えた影響，逆に社会の在り方が科学をどう規定したか等々，文字通り，人間と社会の歴史として「ビッグバン宇宙論」を描きます。なにより興味深いのは，現代の宇宙観を作った人々の営みです。

　ビッグバンモデルの理論上の貢献者ジョージ・ガモフの「遊び心」が引き起こした，ラルフ・アルファーの悲劇[52]。ガモフとは対照的に攻撃的な性格で定常宇宙論にこだわったフレッド・ホイルですが[53]，実は，彼が確立した恒星内部での元素合成の理論なしには，ビッグバン

モデルは進展しなかったこと。しかしそうした攻撃的性格が祟って，その元素合成の理論で共同研究者のウイリアム・ファウラーがノーベル賞を受賞（1983年）したにもかかわらず，ホイルは受賞を逃したという話。観測用の超高感度アンテナの電波ノイズを，アンテナについた鳩の糞まで掃除して徹底的に消そうとしたアーノ・ペンジアスとロバート・ウィルソンの粘りが，幸運にもビッグバンモデルの正しさを証明する発見につながったこと[54]。あるいはまた，ドイツ移民だったことから戦時中のアメリカで「敵性外国人」と疑われたヴァルター・バーデが，そのおかげで，他の物理学者が戦時動員されている間ウィルソン天文台の望遠鏡を独り占めし，銀河間の距離を修正する重要な知見を示したこと[55]等々，挙げればきりがないほどですが，科学が「歴史の中の人の営み」なのだという事実にわくわくと胸躍らされます。入門といっても文庫本 2 巻で700頁を超えますが，いわゆる「一気読み」を読者に誘う優れた科学史です。

　他にも，同じ青木さんの翻訳による『**量子革命——アインシュタインとボーア，偉大なる頭脳の激突**』（マンジット・クマール著，青木薫訳，新潮文庫，2017年）も，いわゆる「文系人間」が量子論の輪郭を理解する上で大変有益です。また，やはり科学作家であるデイヴィッド・ボダニスの『**電気革命——モールス，ファラデー，チューリング**』（吉田三知世訳，新潮文庫，2016年）も，発見や発明の背景には何らかの形で社会があり，発見・発明が如何に社会を激変させたかを深く考えさせられます。これらの本は大学生以上でないと取り組みにくいかもしれま

53　そもそも「ビッグバン」モデルの名は，ホイルがあるラジオ番組で，宇宙に始まりがあるという理論に対して「this 'big bang' idea（この大ボラ）」と愚弄したことに由来します。
54　宇宙マイクロ波背景放射の発見。二人はその業績で1978年にノーベル物理学賞を受賞。
55　これが宇宙の年齢に関するビッグバンモデルの弱点を克服することにつながりました。

サイモン・シン著
青木薫訳
『宇宙創成』
新潮文庫（上下巻）

マンジット・クマール著
青木薫訳
『量子革命——アインシュタインとボーア，
偉大なる頭脳の激突』
新潮文庫

デイヴィッド・ボダニス著
吉田三知世訳
『電気革命——モールス，ファラデー，
チューリング』
新潮文庫

せんが，『世界をつくった6つの革命の物語──新・人類進化史』（スティーブン・ジョンソン著，大田直子訳，朝日新聞出版，2016年）などは高校生でも楽しめて，たとえば「冷やす」という技術がアメリカの政治地図を変えてしまったなどという，興味深い話が出てきます。「冷蔵」「冷房」が可能になったことで，アメリカの中北部に住んでいた金持ちたちが南部に居を構えるようになる。それが大統領選に影響しアメリカの保守化を進めた──科学技術というのは単なる生活だけではなく，そういう政治構造まで変えるということがわかったりします。

　ここまでの本はいずれも翻訳書で，実際，優れた科学史の書き手は欧米に多いのですが，もちろん，日本にも良質な科学史があります。私が勤務する京都大学学術出版会では，毎年必ず，科学史関連の本を刊行することに努めていて，中でも物理化学（physical chemistry）がご専門の廣田襄さんによる『現代化学史──原子・分子の科学の発展』（2013年）は，自信をもって紹介できます。同書は750頁を超える大著ですが，20世紀後半から非常に細分化していった化学[56]の歴史を体系的に紹介し，科学史分野だけでなく，実験や理論の現場の専門家にとっても重要な本だと評価されています。特に，諸外国の科学史書では記述されない日本やアジアの重要な業績が系統的に紹介され，そのため，この本を英文で翻訳刊行した際には，『Choice』誌[57]が毎年選ぶ「Outstanding Academic Titles（傑出した学術書）」のトップ25（2017年）に輝きました。

　その際の講評には，「化学史の本は山のようにある。けれども（化学史を）包括的に書くのは難しい。でもこの本は完全にそうなっている」とありましたが，ここまで挙げた多くの本はいずれもかなり厚手のも

56　「有機化学」「無機化学」など，「××化学」という学問分野の名前だけで30以上あるそうです。
57　北米の図書館に強い影響力を持つ情報誌。

のです。一般に，優れた科学史の本というのは分厚いものが少なくありません。逆に言えば，科学を解説する薄手の本は，対象となるテーマについて包括的に示せない，つまり歴史的な経緯がごく単純化されてしまい，人と社会の営みとしての科学の本質を語るのは難しくなってしまいます。結局のところ，薄い入門書ですまそうとすると，科学を「遠い専門」にする者にとっては，かえって，科学への重層的・多面的理解を損なうことになるようにも思います。

スティーブン・ジョンソン著
大田直子訳
『世界をつくった6つの革命の物語──
新・人類進化史』
朝日新聞出版

廣田襄著
『現代化学史──原子・分子の科学の
発展』
京都大学学術出版会

社会文化史，歴史学史を読む
——市民科学の世界史的意義にも繋がる

　ここまでは，いわゆる「文系人間」にとっての理系の本ですが，理系の分野を専門とする方々にとっても，やはり「学史」を読むことが有効です。人文学・社会科学の学史には，それこそ多くの本があり，本書の限られた紙幅の中で公平に紹介するのは難しいのですが，今も活躍される研究者を外国人と日本人あえて一人ずつ挙げるとすれば，一人は，フランス革命史を専門とし，ジェンダー研究にも大きな影響を与えたアメリカの歴史学者リン・ハントさんと，イスラーム史，アジア海域史で多くの業績を上げられた羽田正さんでしょう。お二人とも多くの本を書かれていますが，リン・ハントさんの著作からは『人権を創造する』（松浦義弘訳，岩波書店，2011年。原著は *Inventing Human Rights: A History*, 2007）を挙げておきます。

　よく知られているように，人権という今では普遍的な概念は，18世紀にヨーロッパで芽生え広がっていったものです。その過程を考察した本なのですが，教科書で習うような「アメリカ独立戦争とフランス革命を通じて，欧米において人権思想が誕生した」というような政治史的な記述とは大きく違います。私にとって目から鱗が落ちるように思ったのは，たとえば近代小説の父と言われるサミュエル・リチャードソンの『パメラ』や，ジャン゠ジャック・ルソーの『新エロイーズ』などの書簡体小説の流行が，「同情」という意識を広め，それが人権思想の普及の基礎になったという議論です。『パメラ』（翻訳によってはパミラ）に示される新しい女性観・恋愛観は，古い権威からは「偽善的」だと批判され，また聖職者たちからは，こうした書簡体小説自体が「覗き見趣味だ」とされました。しかし，『パメラ』が示した新しい女性観

は，社会的地位を重視する貴族社会に反発し「徳」にこそ価値を認める中産階級から支持されると同時に，なによりも人々に，他者もまた自分と同様の内面を持つ存在であることを知らしめたとハントさんは言うのです。こうした同情や共感が，当時広く存在した拷問への見直しをはじめ，黒人奴隷，女性，ユダヤ人といった差別されていた人々の権利を検討する動きを一気に進める文化的な礎であったという議論は，私たちの歴史認識を揺さぶらざるを得ないでしょう。

　個別的なテーマを扱った『人権を創造する』にくらべると，より包括的な歴史学の学問論，教育論として，市民の歴史認識の在り方に転換を迫る好著としてお薦めしたいのが，羽田正さんの『**グローバル化と世界史**』（東京大学出版会，2018年）です。東アジアにおける歴史観の

リン・ハント著
松浦義弘訳
『人権を創造する』
岩波書店

羽田正著
『グローバル化と世界史』
東京大学出版会

衝突はしばしば話題になりますが，そもそも，人文学・社会科学は，一般に言語別つまりは国や地域ごとの暗黙知に支えられています。人はしばしば，事実の切り出し方やその認識というういわば表面部分の対立を問題にしますが，歴史学はもちろん広く日本語による知の体系には，長年にわたって蓄積されてきた多大な暗黙知（独特の用語法と概念）があり，同じことは，中国にも韓国にも当てはまります。そうしたいわば一国的な人文学・社会科学が，かつて近代化の中で，「国家」「国民」といった意識の形成に寄与したことは間違いありません。とすれば，経済，政治，文化，環境などあらゆる事柄が国境を越えて連関するグローバル時代において，「地球の住民」として物事を考え問題を解決するには，一国史を越えた世界史の方法が必要である，と羽田さんは主張します。その平明な論理と，しかし実践する上での厳しさは，人文学や社会科学ばかりでなく，あらゆる分野の専門家（学術領域だけではない政治，ビジネス，行政，教育，医療など）とそれを目指す人々が向き合うべき内容だと思います。

　またこの二冊は，歴史学が長い間，いわゆる大国において国家をリードするエリートを育てるための学問であったこと，それが対象においても方法においても歴史学の限界となっていたことを教えてくれます。「大国」の「エリート階層」の「男性」だけのものであった学問が広く社会に，さらにはマイノリティーに開かれていくという流れは，自然科学においても起こっています。いわゆる市民科学（citizen science）という考え方で，「科学研究への公衆の関与」「参加型のモニタリング」などとも言われ，そこに関わる理系研究者も増えています。これらの本は，こうした市民科学の取り組みのもつ世界史的な意義も教えてくれるという点で，理系を専門とする若い方々には，ぜひ読んでいただきたいと思うのです。

6

【カテゴリー②】「大きな問い」と対立の架橋
──近い専門外の本を選ぶ

さて，先述したように「××学史」に関わる本は，書籍数として見れば多くはなく，したがって選びやすいとも言えます。しかし，自分の専門に近い本となると，そうはいきません。そもそも自分の専門分野自体が細分化されていてそれぞれに重要な本があり，その細分化された先に，これまたそれぞれに学問領域が広がっていて，それがまたいくつにも枝分かれしている。

たとえば自分の専門が言語学だとすると，基礎的な対象だけでも音韻論，形態論，統語論，意味論，語用論等々，既に五指に余るわけですが，それらへのアプローチの違いによって，生成言語学や，認知言語学，理論言語学といった分野に分かれ，さらに，関心を持つ言語現象の対象に応じて，歴史言語学や比較言語学，言語地理学，社会言語学，あるいは系統論や年代学に分かれ，さらには，他の学問領域と接合した，言語人類学や心理言語学，神経言語学，生物言語学等があるという風に，非常に細分化されます。そして，すでにこのラインナップに現れているように，歴史学，地理学，社会学，心理学，神経科学などが近接領域として立ち現れてきます。言うまでもなく，これらの学問もまた，経済地理学，社会地理学，政治地理学，都市（農村）地理学，歴史地理学，文化地理学，宗教地理学，人口地理学，交通地理学，病理地理学，軍事地理学等々といった具合に，近接領域と密接に

関わりながら細分化しています。

「大きな問い」のある本

　当然，そこに関わる著作は山のように増えていき，すべてを読めればそれに越したことはありませんが，「専門外」の読者としてはそうもいかないとなれば，どこかで線引きをして選択する必要がある。そこで普段私が注目するのは，その著作が，どのような問いのもとに書かれたか，という点です。前著『学術書を書く』と重複した内容になりますが，人類学を事例にして「大きな問い」について考えてみましょう。

　人類学の対象範囲は非常に広く，また領域固有の定められた方法論があるわけではないと言って良いでしょう。つまり，何を対象に何をどう明らかにするか，関心は研究者によって様々で，その分，研究は容易に細分化します。対象は具体的なヒト（現生人類だけでなく，化石人類も含む人類）ですが，どこにどのように暮らしている（いた）人々なのか，対象はほとんど無数といっても言い過ぎではない。場所を現代のアフリカと限っても，狩猟採集民なのか遊牧民なのか農耕民なのか，狩猟採集民といっても，湿潤な森に暮らす人々（代表的にはいわゆるピグミー）なのか，乾燥したサバンナに暮らす人々（代表的にはいわゆるブッシュマン）なのか，さらには同じブッシュマンと言われる人々でも，話す言語によって集団が違います。そのブッシュマンに注目するにしても，狩猟なのか，採集を対象とするのか。狩猟と言っても，道具に注目するのか，彼らの動物に対する知識に注目するのか，といったことで，研究の関心は，非常に多岐にわたります。そして現れる論文の

タイトルは，たとえば，「カラハリ狩猟採集民グイの狩猟活動に見られる動物（ほ乳類）の民俗分類の言語学的考察」……ということになる。もともと人類学とは，「人類の多様性と普遍性」すなわち我々人とは何なのか，という壮大な知的関心に基づいて生まれた学問であったはずが，研究の現場ではここまで細かくなってしまう。実証的な学問であるだけに，当然と言えば当然なのですが，では同じ人類学者であっても，オラン・アスリ（マレー半島の先住民族）を専門としている研究者のうち何人が，このタイトルの論文を読むかといえば疑問です。

　しかしこのテーマを少し普遍化させて考えてみると，狩猟採集民にとって，動物への知識は狩りを成功させる上で不可欠です。単に狩りの成功・不成功という実利的な側面だけではありません。その動物をどう利用するか（食べる，避けるなど）という資源利用の課題に通じますし，動物をめぐる人々の語りの中には，彼らがその世界をどう認識しているかという世界観まで見える。そうした，技や知，〈人／動物〉関係に見える精神世界といった風に視点を大きくすれば，その問いは他の分野の関心とどんどん重なっていきます。そこでたとえば，『狩猟の民の知と技——ブッシュマンの動物世界』といったタイトルの本があるとするとどうでしょう。〈人／動物〉関係というテーマで，個別データを集めて論じたというものなのか，逆に，人の環境認識・環境利用の在り方について，〈人／動物〉関係に焦点を当て，具体的には生業の中に現れる民俗知識を詳細に検討することで考えてみようというのか，その問いの大きさと記述の方法には，自ずと大きな違いが出るはずです。本を選ぶとき，目次や序文にまず目を通すのが普通ですが，その際，著者がどれほどに大きな問いを立てているかを知ることは，本を選ぶ際の大きなポイントの一つです。

　ジャン・デュドネというフランスの数学者が，『人間精神の名誉のた

めに——数学讃歌』（高橋礼司訳，岩波書店，1989年）という本の中で，面白いことを書いています。デュドネは「数学の問題や定理を原子にたとえれば，数学の発展は星の進化に似ている」と言います。ちょうど星間に漂うガスに密度の高いところが生じると，重力作用で収縮を始め，核融合が可能になったとき星が生じる。そしてしばらく主系列星に留まった後，核エネルギーを使い果たすと，超新星になったり白色矮星になったりと様々な運命を辿る。数学においても，はじめは個々に発見され散在していた数学的現象がある程度集まると，そこに統一した課題意識が生まれる。そしてその課題意識に沿った研究が進み，課題意識のエネルギーを使い果たしたところでその学問は完成する——。デュドネがここで言う「統一した課題意識」が，「大きな問い」のイメージです。「大きな問い」を自覚することで，個別研究が連関し新しい地平が開ける。「大きな問い」を示している本は，読者が持っている個別の関心を，より広い，他の領域の関心と結びつけてくれるのです。

　もっとも，大きな問いを立てている本が，実際の議論において常に成功しているかというと，必ずしもそうではないというのも事実です。これが「遠い専門」に関わるものですと，質の良くない本をそれとは知らずに選んでしまう怖れもある（そのあげく端から誤解を身につけてしまう恐れがある）のですが，読者自身が基礎的なトレーニングを受けている分野に近いものであれば，批判力も適切に発動できます。そうした点でも，「大きな問い」が掲げられているかどうかは，自身の専門に近い分野の「専門外」の本を選ぶ際の，大切なポイントだと思います。

対立を架橋する本

　そしてここで注意すべきは，専門が近いほど，物事の解釈や研究の方法において，自分の見解や方法とは開きがあるものも多くなるのですが，その際，自分が賛同できないものであっても，それがとんでもない誤解や偏見の上に成り立ったものでない限り，避けるべきではないということです。いわゆる「仲間内」のものばかり選んでいては，自らの立場を相対化・批判しつつ考察を重ねるという知的な力は鍛えられません。もちろん，自分と近しい立場の者がどんな仕事をしているのか，詳しく知らねばならないのは言うまでもありませんが，多くの場合，そうした事柄は，学術雑誌・専門誌の論文を読めばつかめます。第Ⅰ部で述べたように，本には学術雑誌・専門誌とは違う機能があると私は考えており，その最も大きい機能が,「自分と違う」世界を知る術を与えてくれることだと思います。

　このことに関わって，もう一つ留意しておくと良いのは，著者が自らの認識論・方法論に自信を持ちつつも，その限界，あるいは別の立場からの認識や方法があり得ることを自覚している本は，信頼に足るものが多いということです。

　地理学者でアフリカ地域研究が専門の島田周平さんは，ご著書の中で，アフリカの農業と農民像をめぐって，二つの大きく異なる見方があると指摘しています[58]。一つは，アフリカの農業が技術的・制度的に遅れたものであるという見方，もう一つは，アフリカ農業は総じて環

58　島田周平『アフリカ　可能性を生きる農民——環境—国家—村の比較生態研究』京都大学学術出版会，2007年。

境適応的で持続的であるという見方です。そしてこの違いは、マクロな農業生産データに依拠して示されたものか、ミクロな現場の観察で明らかにされたものかの違いであると指摘します。確かに１人当たりの名目GDPがアメリカの60分の１[59]に過ぎないタンザニアは、IMF・世銀の開発経済学者にとっては、「貧困そのもの」に見える。しかし、実際の農村に赴いて人々の暮らしの中で研究する熱帯農学者の目には、生態環境の変化に巧みに対応する農民のたくましく強かな姿が見える。事実やデータをどのスケールで見るかどの場所で見るかで、「事実」は全く違って描かれてしまう。いわゆる「ミクロ—マクロギャップ」と呼ばれるものです。

　ミクロ、マクロそれぞれの立場はしばしば政治的な立場の違いにも現れますから、どうしても互いを強く非難しがちですが、このギャップを埋めることなしに、私たちは世界の現実に正しく向き合うことはできない。ではどうすれば、緻密なフィールドワークと開発経済学を組み合わせることができるのか。そのためには自らの方法論や視点の限界を知り、違った立場の視点や方法を適切に選びながら新しい地平を開くことが必要なのではないか。最近では、こうした立場（ミクロ—マクロ架橋）から研究を進める経済学者、地域研究者も多くなってきていますが、同じようなことは、社会科学の他の分野、いや自然科学も含めた多くの学問分野でも言えるでしょう。言うまでもなく、政治や社会生活の中での対立と、それを乗り越えるための術を考える際にも、架橋するという視点は大切です。

59　2018年のIMF推計データより。

著者の生き方としての学問を知ることができる3冊

　本章に関して各専門分野を網羅的に扱うと，おそらく何百冊もの本を紹介しなければなりません。何を選ぶか，正直，とても迷ったのですが，学問的な方法論・視点が間違いなくしっかりとしており，「大きな問い」「対立の架橋」という観点で特にバランスのとれた本として，この原稿を書いている時点で最も直近に私が読んだ本から，3冊を選んでご紹介しましょう。

　中国近現代の都市社会史を研究していた歴史学者の小浜正子さんは，1990年代の初め上海に留学します。当時，中国では，「一組の夫婦につき子どもを一人に制限する」という，いわゆる「一人っ子政策」の真っ最中でした。日本では「トンデモ政策」と伝えられていた中国の計画出産政策だったのですが，何事にも見識ある中国の友人たちが，時に不満を示しつつも，この政策を反対せず受け入れていることに，小浜さんは驚きます。そして，大都市上海と二つの農村で，様々な立場の大勢の女性たちにインタビューをする丁寧な調査を行い，それを歴史学者らしい緻密な史料分析で裏打ちして，中国社会に何が起こったのかを明らかにしたのが，『一人っ子政策と中国社会』（京都大学学術出版会，2020年）です。

　中国での出産抑制は1950年代に始まりました。そして革命による社会改良によって人口が急増したことを背景に，幾度かの政策の揺れを経緯しながら計画出産政策は続き，すでに「一人っ子政策」が始まる前，中国の出生率は大きく低下していました。その背景には，伝統的な男性優位の家父長制のもとで多産を強いられ，「仕事と家庭の二重負担」に喘ぐ女性たちが，社会主義の国家理念と政策を利用して，産む／

産まないを選んだ苦心の日々があったことを，インタビューは語ってくれます。70年代の末に始まり36年間続いた「一人っ子政策」ですが，それを文字通り身体で受け止めてきたのは女性であり，彼女たちへのまなざし抜きには，「一人っ子政策」を論じることはできないのです。「男の子を優先する」家族観の中で産み分けられることによって，女性は，胎児の段階から毀損されました。しかしその結果，男女比の歪み（いわゆる「男余り」）が生じ，また一人っ子としての女児を大切にするという夫婦の感情の広がりの中，女性の地位が大きく向上したこともまた事実なのです。

　父系血統主義のもとで，もっぱら女性に負担を押しつける現実は，翻って日本や他のアジア諸国ではどうなのか，と小浜さんは問います。もともと上海史学者として出発しながら，女性として当事者たちの声に耳を傾ける中で，研究関心をジェンダー論，リプロダクティブヘルス／ライツ（性と生殖に関する健康／権利）へと拡げ，そこで語られる事柄を歴史学者らしい冷徹な文献分析で裏打ちして歴史への見方を覆していく。その視点と手法の多彩さ，生き生きとした描写の手法など，専門を越えて多くのことを学べる一冊です。

　次に紹介するのは，社会の主流に対して対抗的な世界を描くことで，対立の存在を浮き立たせると同時に，それを乗り越えようとする本です。英米文学者でアイルランド出身の劇作家サミュエル・ベケットの研究で知られる堀真理子さんが書かれた『反逆者たちのアメリカ文化史——未来への思考』（春風社，2019年）は，薬物依存症に苦しみながらも生涯を通じて人種差別と闘ったジャズ・ヴォーカリストのビリー・ホリデイやマッカーシズムを公然と批判した劇作家アーサー・ミラー，「女モーセ」「黒人のモーセ」と呼ばれた奴隷解放運動家でアフリカ系アメリカ人として初めてアメリカドル紙幣にデザインされることが決

まったハリエット・タブマンなど，アメリカ社会で差別や迫害に抗い続けてきた人々の評伝です。彼らは「反逆者」と表現されますが，社会学の言葉で言えば「対抗的な公共圏」すなわち，その社会で主流とされる側から疎外され，その枠組みに異議を唱える側の立場で闘った人々です。

　先にパラダイムという言葉を使いましたが，学術においても，政治経済の枠組みにおいても，「主流」であることは，必ずしも正しさを保証しません。むしろ「主流」が人々に抑圧的に働くことさえ往々にしてみられます。彼らが闘った時代は，今では当然と考えられる人種差別や性差別の否定，言論の自由といったことが，「主流」から強く抑圧

小浜正子著
『一人っ子政策と中国社会』
京都大学学術出版会

堀真理子著
『反逆者たちのアメリカ文化史——未来への思考』
春風社

されていた時代でした。つまり，対立が明らかにあったのですが，多くの人は，対立に目をつぶり，「主流が正しい」ことを当然としていたわけです。対立を架橋するには，あえて対抗的な言論・行動で主張する，それは「反逆者」とも呼ばれるでしょうが，そこに理があれば，かならず世界は変わる。本書は，評伝の構成・表現の仕方も優れていて，文化史の記述としても参考になります。なにより，歴史を省みながら今日の政治社会状況を鋭く問うという，「大きな問い」のもとに編まれた評伝です。

　本章ではもう一冊，高校生や学部1年生など若い読者の方々が，「なぜ学問をするのか」について考えることができる本を紹介しましょう。自らの専門分野の問いを，著者自身の生き方への問いとして示したユニークな本です。社会学者の岡原正幸さんの編集による『感情を生き

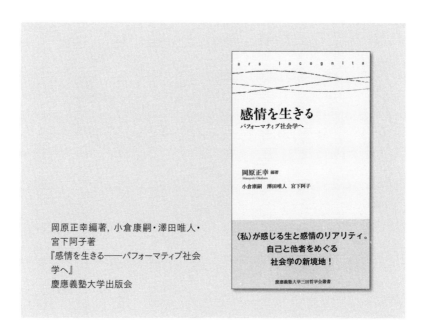

岡原正幸編著，小倉康嗣・澤田唯人・宮下阿子著
『感情を生きる──パフォーマティブ社会学へ』
慶應義塾大学出版会

る——パフォーマティブ社会学へ』（慶應義塾大学出版会，2014年）は，社会学への誘いの書と呼べる本ですが，4人の著者が，自らの生に重くのしかかる生活史を告白と言ってもよい率直な語りで伝えます。同性愛者としての自分，父親によるDVの体験，摂食障害，喘息児としての体験——これらが，自らの社会学者としての在り方に如何に現れているのか。いわゆるマイノリティーの視点からなのですが，「主流」にも「少数派」にも現れうる「不安の共同体」，すなわち同じ感情を持つことで結束するということがもたらす今日的な問題についても，深く考えさせられます。

「大きな問い」と同時に，その大きな問いに迫ろうとするための方法論が説得的に示されているか，そして，自らの方法も完全ではなくさらに乗り越えられるべきものだという，一種の謙虚さが感じられるかどうか。対立を乗り越えて新しいパラダイムを拓こうという本は，読み応えと信頼感，そして生き方としての学問に触れることができるという点で，隣接分野の専門書として，とても参考になると思います。

7

【カテゴリー③】古典と格闘する
── 「メタ知識」を育む

メタ知識としての古典が拓くもの

42頁のコラム①で紹介した『古典力』の冒頭で，齋藤孝さんは，古典を読む意義について次のように書かれています。

> 情報の新陳代謝の速度が急速に上がってきた現代において，古典はむしろ価値を増してきている。移り変わる表層の景色に目を奪われ，「自分は大丈夫なのか」と不安になり浮足立つ。そんな時，百年，千年の時を超えて読み継がれてきた書物を読むことで，「ここに足場があった」と自信を持つことができる。……古典を数多く自分のものとすることで，この「妥当性の足場」をたしかなものにしていくことができる[60]。

まことにその通りだと思いますが，ここで付け加えたいのは，第Ⅰ部第1章で述べた「現場の哲学」が必要になっている今の時代，古典は，異なる専門領域を越えてともに現代の諸問題に取り組むための共通の知識であり，議論にあたって共有すべき価値観を作っていく上で

60　齋藤前掲書『古典力』，3‐4頁。

の，いわばメタ知識（上位の知）となるということです。先に挙げた防潮堤や河川改修の例で言えば，「安心」とは何か，「美しさ」とは何か，「幸せ」とは何か，といった事柄について考える時，何千年，何百年と生き残ってきた著作に示された思想というのは力強い。そうした思想史の上に立って今を考えてみるということは，議論の骨を太くし，どの職業であれ学問であれプロフェッショナルにとってはとても大切なことです。専門分野ごとに，職業ごとに，何を価値とするかという評価軸は多様で，「確かさ」もそれに応じて多様になり揺らいでいく。それ自体は避けがたいことだけれども，複数の価値観をぶつけ合っていくとき，そこに共通の軸が全くないと対話にすらならない。そのとき，一つの有力な根拠になるのが「我々はどこから来たか」という人々の認識の歴史です。幸福とか美とか愛とか，こうした根源的な事柄をめぐってたくさんの議論があって近代に至ったわけだけれども，どこかで我々が見失ったものはないのか？ はたして近代や現代，そして自らの価値観は手放しで礼賛できるものなのだろうか，といった根源的な自省を促してくれるのが古典です。

　そればかりではありません。先に紹介したハイゼンベルクの自伝『部分と全体』は，第一次大戦での敗戦でドイツ国内の秩序が揺らぐ混乱の中で，18歳の青年ハイゼンベルクがプラトンの対話篇『ティマイオ

61　本書は非常に難解であることでも知られます。日本語訳もいくつかありますが（種山恭子訳『プラトン全集12』岩波書店所収，岸見一郎訳『ティマイオス／クリティアス』白澤社など），専門外の専門書として『ティマイオス』を読むときは，4世紀ギリシアの天文学者カルキディウスによる注解書（『プラトン『ティマイオス』註解』土屋睦廣訳，京都大学学術出版会，2019年）も参考にすると良いかもしれません。

62　ヴェルナー・ハイゼンベルク「人間と自然の相互作用の一部としての自然科学──技術と生活様式の変化」『現代物理学の自然像』尾崎辰之助訳，みすず書房，新装版，2006年，14－16頁。

ス』[61]の一節に触れて，この世界の極小とは何かについて深く考えるようになったところから始まります。『ティマイオス』は，プラトンが自然を論じた書としては唯一のもので，後世に大きな影響を与えた書ですが，ハイゼンベルクが一生を通じてこのプラトンの一節を意識し続けたことは，その著作の中にはっきりと読み取れます。また，ハイゼンベルクは別の本の中で，中国の古典「荘子」を引いて，科学と人間の関係を論じています[62]。この本のタイトルは『現代物理学の自然像』というものですが，「現代物理学」を論じる全編にわたって，東西の古典が引用されます。

ハイゼンベルクの生涯における哲学と科学の関係について，哲学者

カルキディウス著
土屋睦廣訳
『プラトン『ティマイオス』註解』
京都大学学術出版会

ヴェルナー・ハイゼンベルク著
尾崎辰之助訳
『現代物理学の自然像』
みすず書房

の藤澤令夫は，著書『「よく生きること」の哲学』（岩波書店，1995年）
の中で次のように指摘します。

> 量子力学の発展を担ったウェルナー・ハイゼンベルクは，原子的粒
> 子の性格のとらえ方について現代物理学は決定的にデモクリトスの
> 原子論に反対し，それらの粒子が相互に転換し合う——形を変え合
> う（トランスフォームする）——とみなすプラトンの側に立つと言い，
> また，物理的世界の基礎にあるのはエネルギーであって，エネルギ
> ーこそは「動くもの」であり，万有の動きと変化の始原・原因であ
> り，物質や熱や光にトランスフォームされるものであると，述べて
> いる[63]。

　古典が現代物理学に新しいパラダイムを提供することがあるという，
哲学者からの見方ですが，ハイゼンベルク自身，

> 何らかの専門，たとえば技術とか医学とかでものの根底を極めたい
> 人は早晩古代のこの泉につき当たり，そしてかれがギリシア人から
> 原則的思考，原則論的設問を学んだとき，かれはそこからかれ自身
> の研究にとって大きな利益を引き出すであろう[64]。（傍点は鈴木）

と言っています。古典が，時に大きな力で科学を駆動することは，多
くの科学者の生涯が教えてくれることなのです。
　とはいえ，本章の見出しに「格闘」と書いたように，古典を読むの
は骨が折れます。なにしろプラトンやアリストテレスなど，古代ギリ
シア時代の著作となると，古いものでは二千数百年以上前のものです

63　藤澤令夫『「よく生きること」の哲学』岩波書店，1995年，101頁。
64　ヴェルナー・ハイゼンベルク「自然科学と古典的教育」前掲『現代物理学の自然像』，54頁。

から，そこに描かれる事柄の背景は今とは全く異なります。したがってその点を理解するだけでも大変ですし，後述するように，背景が理解できないと書かれた内容が全く違って読めてしまう。1000年どころか100年前の著作でさえ同様で，私は学生時代，マルクスの『資本論』（書かれたのは19世紀の半ば頃）を初めは一人で読もうとしましたが，文字を追っていて20分くらい経つと，眠くなるというよりも，ハッとして「いったい自分は今何をしていたんだろう」と我に返るのがしばしばでした。なにしろ，100年以上前の遠いヨーロッパの話，馬車と機関車で物が運ばれていた時代ですから，そこに出てくる色々な事例は現代とはだいぶ違います。たとえば有名な一節，「1着の上衣と10エレの亜麻布とをとろう。前者は後者の2倍の価値をもっており，したがって，10エレの亜麻布がWとすれば，1着の上衣は2Wであるとしよう……」と言われても，「10エレの亜麻布」[65]がまずピンとこない。飛行機で物が世界中を飛び交い，植物ならぬ石油製品からファッションアイテムが生み出される時代に生きている者にとってはまるでなじみのないものを読んでいるから，20分も経たないうちに頭が寝てしまうのも致し方ないことでしょう。そこで，経済学部にいた友人に相談して小さな読書会を作り，彼の先輩の大学院生にチューターになっていただいてなんとか読み通せたのですが，古典を読むというのは並大抵のことではないと思い知らされました。

　ここでは，京都大学学術出版会が20年以上にわたって刊行している

65　これは，『資本論』の冒頭近く，第1篇「商品と価値」第1章「商品」の第2節の一節で，ここから，「商品に表された労働の二重性」という『資本論』の根幹に関わる問題が議論されていきます。「エレ（Elle：ドイツ語　英語ではell）」とはメートル法化以前のドイツの度量衡における長さの単位で，かつては服飾関係者の間で使われていたそうですが，現在では使用されていません。ちなみに，ellはelbow（肘）と同一語源，元来は肩から手首までの長さに由来する身体尺です。「亜麻布」も今はあまり使われないようですが，リネンのこと。

「西洋古典叢書」から，プルタルコス（プルターク）の『モラリア』第
1巻（瀬口昌久訳，2008年）を事例に，古典にどう取り組めば良いのか
を考えてみましょう。ちなみにこの内容は，2019年の夏から2020年の
春にかけて，京都大学の学部1-3年生の皆さん──工学部，薬学部，
文学部，経済学部，総合人間学部など所属学部は様々──と隔週で取
り組んだ読書会での議論をもとにしています。

プルタルコス『モラリア 1』を事例に

　なぜここでプラトンやアリストテレスでなくプルタルコスなのかと
言えば，それはこの人物の作品が，「古典を読む」際の難しさを典型的
に教えてくれるからです。一言で言えば，すでに彼の時代に「古典」
となっていたたくさんの著作から，数多くの故事が（ほとんど説明され
ずに）引かれているので，一節一節をきちんと理解するのが実に難し
いのです。

　プルタルコスは，ローマ帝政期に生きたギリシア人の著述家・伝記
作家ですが，生まれたのは西暦46年頃と言われます。プラトンやアリ
ストテレスが活躍したのは紀元前5-4世紀ですから，彼らの時代から
言えば500年ほど経っており，世の中には様々な文書が溢れかえってい
ました。プトレマイオス2世（紀元前3世紀）が完成させた有名なアレ
クサンドリア図書館には，50万巻の書物が所蔵されていたとも言われ
ますが，プルタルコスはこうした多くの書物を目にすることができた
のです。しかも，「書かずにはいられなかった」人らしく，『英雄伝（対
比列伝）』と『モラリア（倫理論集）』という二つの長大な作品群が著名
ですが，彼が生涯に書いた著作を一覧にした「ランプリアス・カタロ

グ」と呼ばれる文献によれば，227タイトル，278巻の作品があったと
されます。それが本当ならば全著作の大半は失われたことになります
が，ともかく，大変な物書きでした。

　古代地中海世界の主要な人物・事物・出来事に関して，裏話的な話
題も含めて詳しく紹介した大事典『西洋古典学事典』（松原國師著，京
都大学学術出版会，2010年）によれば，プルタルコスはギリシア中部の町
カイロネイアに生まれ，アテナイとスミュルナでプラトン哲学をはじ
め弁論術，数学，自然科学などを修め，のちエジプトや小アジアを旅
し，カイロネイアの使節として訪れたローマでは哲学を講義，トラヤ
ヌス帝の知遇を得てローマの市民権を与えられ，ハドリアヌス帝の好
意でローマの属州だったアカーイア（ギリシア）の州管理官に就任，ア
テナイの名誉市民となったほか，晩年はデルポイの最高神官職を務め

プルタルコス著
瀬口昌久訳
『モラリア1』
京都大学学術出版会

てアポロンの神託や聖域の復興に尽力したと言います。性格は円満だったとされ，広い学識とそのバランス感覚あふれる人柄で，ある若者に向けて書いたいわば教育エッセイ集が，『モラリア』第1巻です。

　子どもを褒めたり叱ったりしても，決して手をあげてはならないと諭したり（『子供の教育について』），拍手喝采よりも真理があるか否かを見逃すなと警告したり（『講義を聴くことについて』），追従者と真の友人をどのように見分けるかを説く（『似て非なる友について』）等々，感受性豊かなモラリストが（当時の）古典から数多くのエピソードを引きつつ読者に語りかけるその教育論は，現代の倫理教育に対しても考慮すべき論点と興味深い示唆を与えます。実際，ルネサンス以降のヨーロッパではプルタルコスの様々な刊行本が出現し，近現代人の知的素養を形成するための格好のテキストとなってきたのですが，なにしろ2000年も前の書物ですから，そこに描かれる風俗慣習もおよそ異なっており，そうした知識なしには十分には理解できないところがあります。

　たとえば，「徳（アレテー）」という言葉。『講義を聴くことについて』という作品では，「聴覚は時に有害となるが，徳に至る唯一の手がかりとなる」とありますが，この場合の「徳」は，私たちが普通使う意味，すなわち「身についた品性。社会的に価値のある性質。善や正義にしたがう人格的能力」（岩波国語辞典第7版）よりももっと広く，物事における卓越性を意味し，「馬のアレテー」のような使い方もされます。こうした基本的な言葉も，時代によって意味が違うということを知らずに読むと，とんだ誤解も生じるでしょう。

　こうした言葉の意味の違いはもちろん，そこで引用される故事や著作，たとえばホメロスの叙事詩（プルタルコスの時代からみても大昔です）などは，当時の地中海世界の人々ならば皆諳んじていたものだったらしいのですが，今の私たちには全くもってなじみの薄い事柄です。し

たがって，漫然と読んでいると，何頁にもわたって何を言っているのかちんぷんかんぷん，ということになりかねません。そこで，辞書や解説書，インターネットなどを使って，一つ一つ調べていくことになりますが，実際，調べてみると思わぬ発見がある。ホメロスの『イリアス』（松平千秋訳，岩波文庫，1992年）からの引用を調べていくと，『イリアス』はいわゆる戦記物——ギリシア神話にあるトロイア戦争の物語——ですから，おそらく3000年以上も前の戦争について調べることにもなる。そこで『戦争の起源——石器時代からアレクサンドロスにいたる戦争の古代史』（アーサー・フェリル著，鈴木主税・石原正毅訳，ちくま学芸文庫，2018年）というような本に出会い，当時の兵士たちがど

ホメロス著
松平千秋訳
『イリアス』
岩波文庫

アーサー・フェリル著
鈴木主税・石原正毅訳
『戦争の起源——石器時代からアレクサ
ンドロスにいたる戦争の古代史』
ちくま学芸文庫

のような出で立ちで，どのように闘ったかを知り，すると，プルタルコスが言おうとしていた人間の矜持とは何か，その内実がわかるようになる。

　先に紹介した『古典力』の中で，齋藤孝さんは，古典との付き合い方の一つとして「パラパラ断片読み」（そもそも全部読み通そうとしない）という方法を挙げていて[66]，たしかに挫折しないための構え方としては良いのですが，やはり作品世界にじっくりどっぷり浸かって読んでみることで，知的な好奇心もますます広がるのではないでしょうか。

　ラテン語で，

　　non multa sed multum（英語では not many things but much）

という格言があるそうです。『プリニウス書簡集——ローマ帝国一貴紳の生活と信条』（國原吉之助訳，講談社学術文庫，1999年）にその原型になるような句が見え[67]，クインティリアヌス『弁論家の教育 4』（森谷宇一・戸高和弘・伊達立晶・吉田俊一郎訳，京都大学学術出版会，2016年）にも同じような言葉があります。多さよりも深さ，つまり多読よりもしっかり読めという意味だと思いますが，2000年前に言われた言葉であるのが意味深い。このことは第Ⅲ部でも詳しく考えてみたいと思いますが，古典と格闘することは，人々が培ってきた精神価値を知り，自らの「専門」の知を支えるメタ知識を豊かにするだけでなく，専門外の学びの楽しさを思わぬところまで広げてくれる可能性を持っていると私は思います。

---

[66]　齋藤前掲書『古典力』，22頁。
[67]　講談社学術文庫のタイトルは単にプリニウスとなっていますが，今知られるプリニウスには二人いて，『博物誌』で有名なのは大プリニウス（Plinius Major），この『書簡集』は，その甥の小プリニウス（Plinius Minor）の方です。

8

【カテゴリー④】現代的課題を歴史的視野から見る本

　第Ⅰ部第1章で述べたように，現代社会の抱える問題はどれ一つ取っても，単一の専門分野では解決できない複雑さを持っています。ですから，誰もが，自らの課題として取り組まねばならず，したがって環境保全，食糧問題，安全保障や医療，エネルギー，教育といった事柄に関わる本を読む必要がある。しかしこれまた当たり前のことですが，現代的，実践的な問題群を扱う学術書は，それこそ山のようにあり，かつこうした問題は，政治的な立場も含めて，意見が大きく分かれる分野です。したがって，主張ははっきりしてはいるけれど，その根拠の示し方はややもすると「我田引水」になる怖れがある。もちろん，こうした本を読む場合，読者は常に中立であれと言っているのではありませんし，正義，公正，平和，自由といった理念に沿って考えていくことは重要です。だからこそ，どういう本を選ぶかという点についていえば，慎重になる必要がある。

　そこで，こうした現代的な課題についての本を選ぶときに私が努めているのは，現代を論じる中に，どれだけ歴史的な経緯や関係性が意識されているか，巻末の参照文献のリストを見たりして参考にするということです。喫緊の課題を議論するときにも古典的な価値を忘れない。この問題はそもそもどう発生したか，往時の人々はそれをどう考えたのかということが意識されている本には，バランスの取れた良い

本が多いように思います。そうではない，先端的な最近の知見だけで
著者の立場を主張していくような本は，どこか一方的なものになりが
ちなのではないかと思います。換言すれば先の第5章で考えた学史や
第7章で述べた古典がどれだけ意識されているかということですが，
その最も良い例の一つとして，ここでは，チャールズ・H・ラングミ
ューアーとウォリー・ブロッカーによる『生命の惑星——ビッグバン
から人類までの地球の進化』（宗林由樹訳，京都大学学術出版会，2014年。
原著は2012年にプリンストン大学出版局から刊行）を紹介しておきます。

　著者のウォーレス（愛称のウォリーで広く知られる）・ブロッカー[68]は米
国の地球化学者です。熱と塩分により決定される地球規模の海洋水循
環（熱塩循環：気候変動に強い影響を与える）モデルを提唱したことが最
大の業績ですが，なにより，1975年に発表した「Climate Change: Are We
on the Brink of a Pronounced Global Warming?」という論文で，地球温暖化
(global warming) という用語を普及させたことで有名です。この本も，地
球の気候変動に関する体系的な概説書なのですが，単に，温暖化を促
進する人類活動への警鐘を鳴らすというようなものではありません。
副題の「ビッグバンから人類までの地球の進化」が示すように，宇宙
史的な時間の中で，地球の生存可能性を理解するという構成になって
います。そこで引かれる知見は，物理学，化学，生物学，地質学さら
には歴史学から経済学にまで及びますが，ここでポイントになるのが，
第6章で述べた，ミクロとマクロ，双方の視点です。

　この数十年間という（地球史から言えば）ミクロな時間幅で見ると，
確かに地球の平均気温は上昇していて，そこに人類の活動が影響して

68　この本は，もともと「伝説的名著」と称賛されたブロッカーの単著（*How to Build a Habitable
　Planet*, Eldigo Press, 1984）を増補改訂したものです。

いるのは明らかです。しかし，万年単位の長さで見れば，今は間氷期にある地球が寒冷化するのは確実です。短期的に見れば，温暖化防止は重要ですが，短期的な目前の課題であるが故に，国や地域ごとに異なる社会の在り方に大きな影響を与える取り組みは，政治的にならざるを得ない。誤解を怖れずに言えば，過去，地球環境に大きな負荷を与えて経済発展を遂げた「先進国」の裕福な住民の立場から，これから発展を遂げようとする人々に向かって，「産業活動を抑制せよ」と勝者の論理を押しつけることになってしまう。それに対する反発が出るのも当然で，温暖化への取り組みがなかなか進まない要因の一つには，間違いなく，個別的な利害へのこだわりがある。しかし，マクロな時間で見ると，そもそも地球が「Habitable Planet（生存可能な惑星）」であることは，それ自体が極めて偶然の産物で，宇宙史のどの段階のどん

チャールズ・H・ラングミューアー／ウォリー・
ブロッカー著
宗林由樹訳
『生命の惑星——ビッグバンから人類ま
での地球の進化』
京都大学学術出版会

な条件が欠けても，人類は存在しなかったことがわかります。先に第
5章で，「「地球の住民」として物事を考え問題を解決するには，一国
史を越えた世界史の方法が必要である」という羽田正さんの言葉を紹
介しましたが，まさに「一国」の利害を越えてことにあたろうとする
ときに基礎になるのは，それぞれの故郷を大切にすると同時に，地球
そのものを慈しむ思想でしょう。その基礎になるのは，「Habitable Planet」
という奇跡の宇宙史への理解です。本書は，生存可能な唯一既知の惑
星に住む私たちの，来し方と未来を考えるための重要な手掛かりを与
えてくれます。

　しかも，本書は，現代科学をもってしても，地球への理解は不完全
であることを認めます。その点について，本書に賛辞を寄せる識者の
一人，地球生物学（geobiology）者のロジャー・サモンズさんは次のよう
に言っています。

> Comprehensive and up-to-date, it exposes how ideas, imperfect understanding, and
> controversies drive scientific knowledge forward. （本書は総合的かつ最新である
> とともに，新しい発想，不完全な理解，および論争が，科学知識をいかに
> 進歩させるかをあきらかにする。）[69]

　不完全であることを認めること，その上で対話することこそ，未来
に進む私たちにとって大切だということは，「専門外」の知を育む読
書，そのための本選びにとっても，最も大切な心構えなのではないで
しょうか。

69　原著出版社プリンストン大学出版局のホームページから。https://press.princeton.edu/books/hardcover/9780691140063/how-to-build-a-habitable-planet

学識のある人を慕う，という本選び

　ここまで何度か紹介した理論物理学者の佐藤文隆さんは，宇宙論，相対論で世界的な業績を上げるとともに，青少年に向けた科学入門書や，研究現場から見た現代社会の諸問題の考察まで，非常に多くの著作を書かれています。最近，80歳を超えて書かれた著書の中で，「「本の虫」になったことを含め，自分の生涯が湯川の存在抜きでは考えられない」と仰っています[70]。湯川とは言うまでもなく，原子核内部で陽子や中性子を互いに結合させる力の媒介となる中間子の存在を理論的に導き，日本で最初のノーベル賞を受賞した（1949年）湯川秀樹のことですが，佐藤さんによれば「山形県の田舎くんだりから親戚筋もない京都まで自分を引き寄せたのは湯川」であり，「たばこを吸う姿が格好良くて，ゴホンゴホン言いながらたばこを覚えたし，湯川さんに漢文の素養があることにショックを受けて，急に「荘子」を読み始めたこともある」[71]ほどに湯川に影響を受けたと言います。これは「活動は能力に先立つ」というアリストテレスの言葉[72]を受けての講演の中での応答ですが，まさしく「真似て形から入る」ことも学びの一つの方法でしょう。

　実は，私に科学史・学説史の重要性を教えて下さったのは，佐藤さんです。佐藤さんは，私の勤務する京都大学学術出版会の理事長を長く務められ，私は30代の頃から，理事会の懇親会の後などに佐藤さんをご自宅へお送りするような役目を負っていました。30分くらいタクシーに乗るのですが，その間，酒席でもされないような，歴史や社会に関する見識を披露され，そんな中で，「毎年1冊でいいから科学史の本を企画しなさい」という趣旨のことを言われ

70　佐藤文隆『ある物理学者の回想──湯川秀樹と長い戦後日本』青土社，2019年。
71　『読売新聞』2014年8月29日付朝刊。
72　アリストテレス『形而上学』第9巻第8章。原文は竪琴の学習に関する議論の中での言葉で，日本語訳は「生成においても時間においても活動は能力に先立つのである」（訳は國方栄二さんによる）。要するに，「まずなによりやってみることだ」という趣旨で，私の好きな言葉です。

ました。

　それ以来，この教えを愚直に実践しているのですが，この佐藤さんの関心というのが実に幅広いのです。特に，政治経済から科学・教育まで，歴史と今を人の営みとして捉えていくこと，そうすることで，一見遠くにあると思える事柄が似たような構造，似たようなメカニズムで社会に現れることに気づくという議論の仕方には，何度も感嘆させられました。本書では，しばしばハイゼンベルクの著作に触れますが，ハイゼンベルクを読むことの面白さを教えて下さったのも佐藤さんです。

　このように，私自身は僭越ながらも勝手に佐藤さんに親炙していて，佐藤さんの読んでいる本は読む，というような「追っかけ」をしているのですが，こうした本選びに効能があることは，先に紹介した『古典力』の中で齋藤孝さんが，作家の村上春樹さんとドストエフスキーの関係を引きながら，次のように指摘しています[73]。「(村上)作品の本質的性格の先行者として……『カラマーゾフの兄弟』が位置づけられている」。このような「影響という観点」を持って「両作家の関係を考察することで，作品理解も深まる」。齋藤さんはまた，「一つの名作には，多くの古典が潜んでいる。名作を残すほどの作家ならば，必ず古典の素養を身につけている。それが血となり肉となり，作品の質を高める」とも言われますが，まさに学識とはそうしたものでしょう。

　「学識のある人を慕う」というのは，言ってみれば調子の良い方法なのですが，偉大な先人が身につけた知的素養をその影響関係において学び取る，専門外の読書の一つのポイントかもしれません。

73　齋藤前掲書『古典力』18頁。

読む

学術書の読書から現代を考える

9

博識は「ノオス」を教えない
──速読・多読は大切か？

「速読・多読」を強いるもう一つのパラダイム

　改めて言うまでもなく，これまで多くの方々が読書について論じ，「読書論」「読書術」と題した本もたくさん出版されています。本書もまたその一つですから，おもだったものには目を通しておきたい。そう思って，本書を企画するにあたってまず私がしたことは，国立情報学研究所が運営する学術情報データベースCiNii（サイニー）で，読書論に関する本を検索することでした。そして，その作業を始めて間もなく，私は，あることに気づいたのです。

　「読書」だけをキーワードにしてしまうと，ヒットする書籍があまりにも多いので，「読書論」「読書術」「読書法」に絞って検索してみると，古いものでは江戸時代から今日まで，それぞれ84件，191件，402件がヒットします。「読書法」が最も多く，そのリストは「読書論」「読書術」の検索結果をほぼ包摂するのですが，ここで興味深いのは，いずれで検索しても，そこでヒットするタイトルの半分以上は1980年代以降に出版されたもので，さらに言えば，大半は2000年代に入ってからの出版物だということです[74]。1980年代から日本における新刊出版点数が急上昇したことは先に紹介しましたが，グラフに書けばそれ以

上の急勾配になるであろう勢いで，20世紀末以降[75]，平均すれば毎年10冊以上の「読書本」が出版されていることが見て取れたのです。知をめぐる何らかの構造変動が起こっていることは，容易に推測できます。

　そして変動の内実は，それら「読書本」の多くに付けられたタイトルを見ると，はっきりと浮かび上がってきます。やはり1980年代後半から目立って現れる「速読」「多読」です。もちろん，「スロー・リーディング」や「精読のすすめ」といった精読を促す本もあるのですが，明らかに少数派です。それほどまでに，短時間に多読することが何のために必要なのか。それも数多ある「読書本」のタイトルやその宣伝文の中に明らかで，たとえば「年収を上げる読書……」「格差社会を生きのびる読書……」が象徴するように，経済的・社会的な成功，厳しい競争社会において「生き残り勝ち残る」ためと言って良いかもしれません。

　急ぎ付言すれば，私はたくさんの本を読むこと自体は大切なことだと思いますし，速読という技法も，目的によっては有効です。後述するように，「専門外の専門書」の読書は，自然と読書の幅を広げていきますし，結果として多くの本を読むことにつながります。また，限られた時間の中で，多くの文献に目を通すことで問題の広がりを俯瞰しておくことは，その後の精読のための選書には役立ちます。実際，そうしたタイトルの本を読んでみると，方法としては有効で，著者の方々

74　「読書法」の全ヒット数は402件（うち日本で出版されたものと思われる最古のものは1728年（享保13年））で，そのうち1980年以降の刊行物は286件，2000年以降だけ数えると213件。同様に，「読書術」では，191（全数）/182（1980年以降）/148（2000年以降）。「読書論」は，84/46/23。ちなみに「速読術」で検索すると66/64/35，「多読術」だと4/0/4。単に「速読」「多読」で検索すると，外国語習得関連のものが多くなるので省きます。いずれも，検索結果は2020年4月25日時点。

75　この頃，日本における書籍の年間総売上が減少に転じていたことも印象的です。

も学ぶべき読書家だということはわかります。速読も多読も，目的によっては大事なことで，そうした技法を必要に応じて使うのは，確かに意味あることでしょう。

　問題は，年間これほど多くの「読書本」が，中には通勤電車の車内広告まで行って私たちに多読・速読を強いるように見える，その社会傾向です。おそらくそこには，二つの問題があると私は考えていて，一つは，まとまった体系的な知，あるいは「現場の知」として有効な深く身体化された知というよりは，情報を効率的に利用し瞬時を乗り切っていく情報運用の技法が重視されるという社会的な流れです。そしてもう一つは，物事を総合的に評価するのではなく，細切れにデータ化して計量し「数値化できる事柄で評価する」という，計量評価文化とでも言うべき思考傾向です。それらが，第Ⅰ部第3章で論じた「わかりやすい」とおそらく同一の根を持って，現代社会を締め上げるパラダイムを形作っていると言って良いと私は思っているのですが，その問題については次章で考えることにしましょう。ここでは速読・多読とは違う，専門外の専門書を読む構え方について考えたいと思います。

┃「確証バイアス」と速読・多読——「知識か情報か」ふたたび

　私は前著『学術書を書く』の中で，「知識か情報か」という問いを立てて，学術的な事柄（より一般的には知）が細かく切り分けられた「情報」として「消費」されていくことの問題点について考えました[76]。一

76　鈴木・高瀬前掲書『学術書を書く』，17-31頁。

言で言えば，知的成果が情報として扱われることで，専門家同士ある
いは専門家と非専門家の間で行われるやり取り（学術コミュニケーショ
ン）において，「誰に何を伝えるのか」という肝心な要素が失われてし
まい，それが学術コミュニケーションの劣化につながっている，とい
う主張です。タイトルに示したように，その本では著者の側が考える
べき事柄として提起したのですが，速読・多読という読書の方法の持
つ問題を考える上でも，この問いは意味があると思います。

　次章で述べるように，自然科学のほぼすべて，人文学や社会科学で
も一部の分野では，専門家同士の成果発表とその評価のメディアは学
術雑誌（ジャーナル）が担っています。研究者数が多く競争が激しい上
に応用的な技術開発等とも結び付いた多くの自然科学分野では，学術
成果の速報性が重要で，専門家同士が共通理解の上に短時間で理解し
評価できる，比較的短い論文によるコミュニケーションが必要だから
です。逆に言えば，そうした分野における本は，初学者のための教科
書や参考書，あるいはすでに評価の定まった内容を広く専門家以外に
伝えるためのものが中心です。先に紹介した良質の科学史の本も，こ
うした専門家と社会を結ぶ役割を果たしています。

　このようにメディアの分業が進む一方，これも次章で述べるように，
研究業績を評価するにあたって，論文数の多さやそれがどれだけ引用
されているかという，「数（計ることができるもの）による計測方法」が
据えられることで，多くの学問分野で，ジャーナル論文の増大という
事態が生じました。速報性にすぐれ，あるいは内容の独立性を特徴と
するジャーナル論文は，もともと一つ一つ切り分けやすい性質を持っ

77　長谷川一『出版と知のメディア論——エディターシップの歴史と再生』みすず書房，2003
　　年。

ていますが，特に自然科学の場合，論文の誌面には結果としてしか示されない実験・観測のデータが，信頼性や再現性の担保，あるいは広く利用されるための資料として集積されます。したがって，そうした膨大なデータを保存・集積し利用する上では，情報処理・管理の手法が不可欠で，そのため学術成果を「情報」として扱う考え方や手法が急速に広がったのは当然だった[77]といえます。

　しかしこうした考え方が，一つの体系として歴史の中で組み上げられてきた「知識」を，個別に切り分けて利用できる「情報」として見なしてしまうような雰囲気を醸し出した。はたしてそこには問題がないのでしょうか。「知識の習得」という言葉があるように，知識は，身体性とも結びついた，身につけるべき事柄というニュアンスを持ちますが，情報の方は，「情報を受け取る」「情報を渡す」というように，

箱田裕司・都築誉史・川畑秀明・
萩原滋著
『認知心理学』
有斐閣

必要に応じて持ち歩き，必要がなければ置いていけるようなニュアンスを持ちます。必要に応じて参照すればよい，一種相対的な事柄といってもよいでしょうが，ここで問題になるのは，何のために取得するのかという目的に応じて，情報の見え方にはどうしてもバイアス（傾き）がかかってしまうということです。速読によって内容の中心点を効率的につかむということは，まさに本を情報として切り分けて，重要部分を取り出すことに他なりませんが，ここには問題がないのか。

　情報には常に信頼性や質の善し悪しという問題がつきまといますから，「意味ある情報」「信頼できる情報」を選べとはしばしば言われます。しかし，それは私たちにとって，実は大変難しいことだと心理学が教えてくれます。「確証バイアス」と呼ばれるもので，人が，ある仮説や信念を検証する際に，それを支持する情報ばかりを集め，反証する情報を無視したり集めようとしない傾向のことです[78]。これは人に広く見られる傾向だそうで，政治的信念や民族・出自に対する差別認識，超常現象や都市伝説への固執，投資家の自信過剰，科学的調査における誤謬なども，そうした認知傾向に影響された結果として考えられると言います。

　先に，「速読によって多くの文献に目を通すことで問題の広がりを俯瞰しておくことは，その後の精読のための選書には役に立つ」と書きました。速読を推奨する多くの本もそのように謳います。しかし，私たちが「確証バイアス」に囚われてしまいがちであることを考えると，

78　Nickerson, RS, "Confirmation bias: A ubiquitous phenomenon in many guises", *Review of General Psychology*, 2 (2): 175-220, 1998. 箱田裕司・都築誉史・川畑秀明・萩原滋『認知心理学』有斐閣，2010年，特に第16章「社会的認知」の「4 ステレオタイプと集団認知」。本書は認知心理学の教科書ですが，今日の社会現象を心理学から理解する「専門外の専門書」としても参考になります。

速読によって選んだものが，必ずしも自らの見識を広げるものである
とは限らないのかもしれません。専門外を学ぶ，すなわち，自らが当
然と信じることを相対化して，より高次に知識や物事への評価力・対
処力を高めていく営みにとっては，むしろマイナスになる怖れもある
のではないでしょうか。速読や「あらまし読み」が有効なのは，自ら
が情報に対する「確証バイアス」に陥っているかもしれないという自
覚を持てるときで，しかし，そうした自己の相対化ができるためには，
広くバランスのとれた知性を必要とします。第Ⅰ部第 2 章で考えたよ
うに「自省」機能[79]としての知を育むことなしには，「速読」は，読書
をあらぬ方向に導きかねないと思います。

　まずは一冊を余さず読むこと，体系として記された知を情報に分解
せずに知識として身につけること（もちろんこれは一冊の本を盲信すると
いう意味ではありません）。こうした心構えが，学術書の読書には必要だ
と思うのです。

┃ セネカの戒め

　先に，「non multa sed multum」（多さよりも深さ）というラテン語の諺を
紹介しましたが，ギリシアの哲学者ヘラクレイトスは「博識はノオス
を教えない」という言葉を残しています。ノオスは訳すのが難しい言
葉らしいのですが，物事のうち一番肝心なところという意味です[80]。万
巻の書を読破したとしても，物知りになっても，それは本当の賢さと

79　竹内前掲書『教養主義の没落』，240-242頁。
80　ディオゲネス・ラエルティオス『ギリシア哲学者列伝』（下巻）加来彰俊訳，岩波文庫，91
　　頁。この本ではノオスは「見識」と訳されています。

は違うというのでしょう。そのことを，生き方の問題として論じたのは，ローマ帝国の政治家であり，哲学者としても著名で，悲劇など多くの著作を記した詩人でもある，ルキウス・アンナエウス・セネカでした。

　セネカは，その『倫理書簡集 I』（『セネカ哲学全集』（第 5 巻）高橋宏幸訳，岩波書店，2005年）の中で，まず時間を惜しめと言います。すべてのものは畢竟，自分が所有することはできない。しかし，自分がその中に置かれた時間だけは自分のものであると。セネカはまた言います，「私たちは日々死につつある」だからこそ，できるだけ満足のいく人生を生きた方が良い。死を意識しながら日々の生活を送ることで心の平静も得られる。ただし何もしないで時間を過ごしては，かえって苦痛となる。そしてセネカは言います。「閑暇は学びがなければ死に等しく，生ける人間の墓場でしかない」。

　つまり時間を惜しんで，その時間の中で学べというのですが，なにかを学ぶためには先人の書を読まなければならない。そのときセネカは，散漫な読書を避けよと言います。多くの書物を繙くことは，かえって心を不安定にするというのです。たくさんの書物を読むだけでは，あらゆる所にいても，その場所は決して自分の心の中心になることはない。それはちょうど病気にあってたえず薬を変えるようなことであって，貼り薬をいろいろ変えてばかりいては傷口がふさがらないし，植木も何度も移植していては大きくならないのと同様である。ではどうすればよいのか。あらゆる本を読むことができない以上は，自分が読むことができるだけの本を持っていればよい。それらをできるだけ丹念に読むことである——[81]。

　セネカ本人は，大変な博識でした。もちろん先のプルタルコス同様，数多の本を読んだに違いありません。ここで一つ確認しておけば，当

時の世界人口，しかも識字人口から言えば，アレクサンドリア図書館に50万巻とも言われる書物があったということは，彼ら地中海世界の住民にとって，すでに十分「情報過多」だったとさえ言えます。おそらく，彼ら自身，情報の海に浸かりながらしかし溺れることなく，見識を広げたに違いないのです。そのセネカが，多読ではだめなのだと言っているのは印象的です。ではセネカはどんな本の読み方をしていたのだろう。現代においてその姿を想像させてくれるような文章があります。

本を塩もみして，芯を洗い出す

　第Ⅰ部第3章で紹介した，『世界』1985年5月号（特集「大学生と読書」）には，バブル期直前のいわゆる「日本人総中流意識」を批判した『「中流」の幻想』（講談社，1978年）で著名な，経済学者の岸本重陳が，大変面白い文章を寄せています。「ひと月五千ページを」という見出しで，一見とてつもない多読を勧めているようなのですが，そうではありません。少し長くなりますが，その心意気と方法が良く伝わる文章ですので，引用しましょう。

　　……一読してもわからないところに出くわせば，繰り返すしかない。先を読み進んではまたそこに立ち戻り，前に戻ってはまたそこに到りつくというような読み方が必要になってくる。もちろん同じその本についてのそうした行きつ戻りつだけではまったく足りなくて，

81　セネカについての記述は，國方栄二『ギリシア・ローマ　ストア派の哲人たち──セネカ，エピクテトス，マルクス・アウレリウス』（中央公論新社，2019年）に依拠しました。

同じ著者の別の本を読んで考えてみることが必要だったり，批判者の本や，ときにまったく異なるテーマの本に新たな光源を求めなければならないことも珍しくはない。そうなれば新規の本に手を広げることになるわけだが，そうして得た光源を手にして，また元の本を探りかえしてみるという往復を繰りかえして，ようやくおぼろげながら，ポイントが見えてくるのがふつうである。

（中略）

……しかし念のために言えば，私は「読書百遍意自から通ず」のだとは思っていない。格闘の対象としている部分だけにこだわって，そこを続けざまに百遍読み直すよりも，その部分をその本全体のコンテキスト（脈絡）のなかに置き，その本をその著者の仕事のコンテキストのなかに置き，その著者の仕事を，他の著者たちのさまざまな仕事のコンテキストのなかに置き直して，いわば距離を置いて透視してみるということを介在させた方がよい。

（中略）

……本を読んで，いわばゴシゴシと塩もみして洗い出してみなくては，そのシンが取り出せるわけがない。本を読んで，これまで人間が考え出してきた論理や表現を与えてきた感情やその符号の度合いを実感してみるのでなければ，人は，自分の考えていることや感じていることに，他者と交流できるだけの表現を与えることはできない。

まさに本との格闘ですが，最後の，「本をゴシゴシと塩もみしてシンを洗い出す，そのことによって人と交流する力がつく」というのは，読書という営み全般に関わる大変含蓄ある表現です。小さな子どもたちも，おそらく大好きな絵本や物語を何遍も読んで，知らず知らずの

うちに，芯すなわち人として生きる力の大事な部分——共感，対話，共同といったもの——を身につけているのではないでしょうか。

　先に紹介した三中信宏さんは，稀代の読書家であると同時に，入門書から専門書まで，生物学，進化学に関する多くの本を書いておられますが，本を読む際に二つのことを心がけているそうです。すなわち「本は余さず読み尽くす」「本を読み終えたら書評文を書く」ということ。そしてその書評をブログで公開されています。「読み終えた本からどんな点でインスパイアされたのかとか，どこに異論があるのかを書き記せば，自分のためにも，他人のためにもなる」。書評者は，人に見せるということで，「読み取る力」について評価されることになると仰います[82]。つまりそれが読書のトレーニングになるということでしょう。学術書の読書の場面ではもちろん，どのような読書の場面においても，「あらましだけ読んでわかる」というような安直な読書では，最も肝心なことがつかめない。まして，自らがつかめた事柄を人に伝えることはできない。にもかかわらず，「読まずにすませて理解する」ことがまるで「勝ち残るメソッド」のように語られる。これでは人は，かえって読書から遠ざかるのではないでしょうか。

　「わかりやすい」と「速読・多読」という読書をめぐる社会傾向が，なぜ80年代バブル期に社会に広がったのか。それがなぜ2000年代以降，「読書本」という形で繰り返し強調されるようになったのか。この問題は「読書運動」と「読書離れ」に重ねて考えることができるというのが私の見通しです。いわゆる「朝の読書運動」は80年代の末に全国に広がり，以来四半世紀以上，営々と続けられてきました。にもかかわらず，今，大学生の過半数が1か月に1分も本を読まなくなっている

82　三中前掲論文「学術書を読む愉しみと書く楽しみ」。

のはなぜなのか？　それが，バブル期を挟んだ1970年代からの教育観
や学力観，メディア状況，受験競争，教育政策等が相関しながら進ん
だものであることは容易に推測できますし，おそらく，もっと過去に
まで遡って考えるべき問題でありましょう。ここまでに紹介した竹内
洋さん，苅谷剛彦さん，佐藤郁哉さん，矢野眞和さんらによる知識社
会学的な分析の中に答えがありそうです。しかし紙幅の関係もあり，
本書ではそれについては論じません[83]。

　次章では，こうした読書をめぐる社会傾向が今日の学術研究・高等
教育の状況とどう相関しているのかを，学術出版の視点から考えるこ
とで，「わかりやすい」と「速読・多読」からの脱却の必要性につい
て，より突っ込んで考えたいと思います。

83　「読書推進」と「読書離れ」の関係，またその背景となる社会状況については，公益財団
　　法人生協総合研究所が主催する大学生の読書に関する研究会で，試論的に発表してきまし
　　た。いずれ別稿で論じようと思っています。

10

知の評価の在り方を変えよう

　ここまで私は，主に学部学生や大学院生，専門的な職業についたばかりの社会人など若い世代の方々に向けて書いてきました。一般にも，読書と言えば，若い世代にとっての必要性として論じられがちです。しかし本当は，むしろもっと年上の，「先生たち」の方に問題があるのかもしれない，とも思っているのです。「わかりやすい」パラダイムや「速読・多読」パラダイムの拡がりに，学術研究の側に責任はないのか？　ここからは，学術出版から見た今日の研究現場の問題点，特に「知の評価」のありようについて歴史を遡って考えます。そうすることで，なぜ「学びたいことが学べない」のか，すなわち専門外の学びが疎外されるようになったのか，そしてその枷を外すためには何が必要なのか，学術書の読書という視点から明らかにできればと思います[84]。

84　以下は，私がこれまで発表してきたいくつかの論文（鈴木前掲論文「知のコミュニケーションの再構築へ」，鈴木哲也「「大きな問い」を取り戻すために——「ジャーナル駆動型研究」を乗り越える実践を」『大学出版』121号，20-26頁，2020年など）をもとに議論します。読者の中にはすでにお読みになった方もおられるかもしれませんが，重複した部分はお許しください。

サッカー選手と野球選手の価値を，取った得点で比較する？

　前述したように，現在，多くの研究現場では学術雑誌が学術コミュニケーションの主流であり，率直に言って，自然科学分野の大部分では「本」は重要だとされていません。人文学や社会科学ではそうでもないのですが，経済学の一分野などでは，やはり学術雑誌重視の傾向が顕著です。なぜか？　答えははっきりしていて，本を書くことが研究者の業績にならないからです。研究成果を発表するのはもっぱら学術雑誌（「ジャーナル」）であり，「しかるべきジャーナル」に掲載された論文数が研究者の業績として評価され，人事や予算配分の重要な評価項目となっているからです。こうした傾向が日本の研究の現状に大きな影を落としていることは，世界的な研究業績に輝いた方々の多くが指摘しています。

　たとえば，2016年にノーベル医学・生理学賞[85]を受賞した大隅良典さんは，次のように仰っています。

　　若手は論文の数や，雑誌のインパクトファクター（文献引用影響率）で研究テーマを選ぶようになってしまった。自分の好奇心ではなく，次のポジションを確保するための研究だ。自分の軸を持てないと研究者が客観指標に依存することになる。だが論文数などで新しい研究を評価できる訳ではない。

　　例えば一流とされる科学雑誌もつづまる所，週刊誌の一つだ。センセーショナルな記事を好み，結果として間違った論文も多く掲載

85　細胞が様々な危機に遭遇したりしたとき，細胞内のタンパク質を分解して生体の恒常性の維持に寄与している「オートファジー」の仕組みの解明。

　　される。（中略）……研究者にとってインパクトファクターの高い雑
　　誌に論文を掲載することが研究の目的になってしまえばそれはもう
　　科学ではないだろう……[86]

　また，2018年にノーベル医学・生理学賞[87]を受賞された本庶佑さん
は，次のように仰っています。

　　インパクトファクターなるもの……これは極めて良くない。……
　　論文の中身が分からない人が使うんですね。トムソン・ロイター社
　　には直接申し上げたこともあります。……未だにそれを使われてい
　　るということは，ほとんどの人が論文の価値を分かっていないとい
　　うことを意味している。こういう習慣をやめなければいけない[88]。

　ここで「インパクトファクター」（ジャーナルインパクトファクター journal
impact factor：JIF）とは，元来は学術雑誌の「影響力」を図る指標のこと
です。ごく大雑把に言えば，ある学術雑誌にある期間[89]掲載された論文
が，その後のある期間[90]，どれだけ他の論文に引用されたかを計って，
引用された度合いが高い学術雑誌は優れているとする評価方法です[91]。
これは，たとえば大学の図書館が，どの学術雑誌を揃えておくべきか
というような判断には使えるでしょう。しかし今，実際には，「インパ

86　日刊工業新聞社『ニュースイッチ』2017年12月29日。https://newswitch.jp/p/11497
87　免疫に関わるＴ細胞の活性を抑制するシステム（免疫チェックポイントシステム）を阻害
　　する因子の発見とガン治療への応用。
88　2018年12月26日に京都大学で行われた記者会見にて。『週刊日本医事新報』No.4942（2019年
　　1月12日発行），6頁。
89　現在の手法では2年間。
90　現在の手法ではその次の1年。
91　たとえば，ある雑誌の2020年のJIFは，2018年と2019年にその雑誌に掲載された論文が2020
　　年に発表された論文（他の雑誌も含む）の中で引用された回数を，2018年と2019年にその
　　雑誌に掲載された全論文数で割って求められます。

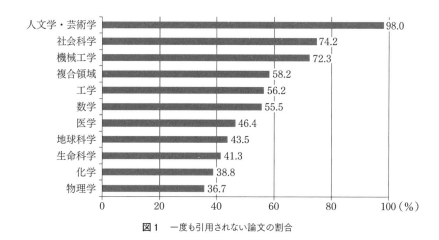

図1 一度も引用されない論文の割合

クトファクター」の高い雑誌に論文が掲載されたから優れた研究者である，そうした論文をたくさん発表しているから優れた研究機関である，という風に使われてしまっています。この風潮は間違っていると本庶さんは指摘されているのですが，この指摘に関わって，大変興味深いデータがあります。

図1を見てください。これは有名な『Science』誌に掲載されたレポートです。後にトムソン・ロイター社の一部門になる，米国の科学情報研究所（Institute for Scientific Information：ISI）の論文データベースを用いた調査で，「しかるべきジャーナル」とされる一群の学術雑誌に掲載された論文のうち，「一度も引用されない」論文の比率です。人文学・芸術分野では98パーセントの論文は一度も引用されず，社会科学では多少ましですがそれでも74.2パーセントの論文が全く引用されていない。物理学，化学等はそれらしい数字を示していますが，医学（46.4），数学（55.5）となると少し怪しくなって，機械工学では72.3パーセントと，ほぼ社会科学並みです[92]。ここで「しかるべきジャーナル」と言ったのは，学術界で，「SCI（The Science Citation Index）」「SSCI（The Social Sciences

Citation Index）」「AHCI（The Arts and Humanities Citation Index）」と呼ばれる，それぞれ，自然科学，社会科学，人文学を対象にした，「引用状況」を計量的に計るためのデータベースに登録されている学術雑誌のことです。要するに，インパクトファクターは，これらのデータベースに登録された論文をもとに算出されます。逆に言えば，登録されていない学術雑誌に載った論文は計測されません。そこで，まずはこのデータベースに載っている雑誌に論文を載せることが大事だ，という発想が生まれます。実際，日本の大学の中には，「SCIのリストに入っている学術誌に論文を掲載できたら100ポイント」といった風に，大学教員の評価に使っている大学もあります。

　しかし，その実態は図1の通りで，「SCI」や「SSCI」「AHCI」の対象雑誌に載る論文のほとんどは，実は引用されていない。つまり，「しかるべき学術誌」への掲載論文数で業績を評価するという考え方の前提そのものが，かなり怪しいのです。もっとはっきり言えば，実はほとんど引用されていない論文の集積であるデータベースを使って計るという手法そのものが有効なのかどうか，疑うべきかもしれない。にもかかわらず，今，「インパクトファクターの高い学術誌に載りやすい研究」を選ぶ研究者が少なくない——これを「学術誌駆動型研究（journal driven research）」と呼ぶ人もいます[93]——という光景が，研究現場に広がっている。実際，社会学者の佐藤郁哉さんによれば，英国の経営大学院では「①まず，どの学術誌に投稿するか決めよ，②その学問領域の相場について見きわめよ，③研究をせよ，④研究結果の中から，自分が選んだ学術誌の相場観にうまくフィットする部分を抜き出せ，⑤論

92　Hamilton, D.P., "Research papers: Who's uncited now?", *Science* 251（4989）: 25, 1991.
93　Ramasarma, T., "Trendy science research communications", *Current Science* 106（4）: 506-508, 2014.

文を書いて，その学術誌に投稿せよ」という指導がなされているのだそうです[94]。まるで大学受験指導における「傾向と対策」のようですが，この風潮の中で暴走すれば，いわゆる「トップ・ジャーナル」に論文を載せたいがために，研究不正に走るようなことも起こってしまう。研究不正とまでは言えなくても，いわゆる論文の「サラミ化」は実際に見られます。「論文数で評価が決まるなら，できるだけ論文の数を増やそう」ということで，一つの研究として発表できる成果を多数の小さな研究に分割する，あるいは1本の論文で発表できる内容を複数の論文に分割して出版する。しかし分割し過ぎると意味をなさなくなるので，そのギリギリのところを見極めるための，「最小出版単位」[95]なる概念さえ生まれている始末です。

　急ぎ付け加えれば，問題は学術誌そのもの，あるいは「引用されない」（ように見える）こと自体にあるのではありません。信頼できる論文評価システム（査読システム）に支えられた学術誌による研究成果の発表とその受容というサイクルは，学術成果の妥当性，正当性，精密性を担保する最も基本的な仕組みでありルールです。

　病理と言えるのは，実際の論文の内容ではない，特定のデータベースで計測された「引用」という表面に現れた数で評価するという発想です。今述べたように，文献データベースに入っていないメディアに掲載された論文はもちろん評価の対象外ですし，文献データベースに入っていないメディアで引用されてもこれまた評価の対象外。事実，「SCI」「SSCI」「AHCI」のいずれの場合でも，主に日本語で書かれる学

94　佐藤郁哉「英国の研究評価事業——口に苦い良薬かフランケンシュタイン的怪物か？」佐藤編著前掲書『50年目の「大学解体」20年後の大学再生』，223-306頁。

95　least publishable unit（LPU），smallest publishable unit（SPU），minimum publishable unit（MPU）などと表現されます。

術雑誌は，リストの中にほとんどありません。また，学術雑誌ではなく書籍によるコミュニケーションが重視される人文学では，各国の言語で出版される本の中の論文が別の本の中で引用されることが主流ですが，これらのデータベースは，「本」による研究成果の公開，特に欧米語以外で書かれる本は，ほぼ全く対象にしていません。そもそも数で計ると言っても，研究者数の多い分野と少ない分野では引用の数が違うのは当たり前で，引用指数も当然違ってきます。2003年，日本数学会は，「数学の研究業績評価について」という理事会声明を出しましたが，その声明の中で，異なる分野の業績を引用数をもとに評価することについて次のように言っています。

> サッカーの選手と野球の選手の価値をその選手が取った得点で比較するようなものであり，ほとんど意味がない[96]。

これで研究業績が正しく評価できるのか？　その仕組みを知れば[97]，誰もが疑問を持つのは当然です。ではなぜ，こうした評価基準が研究の現場で通用してしまうのか？　それは，巧みな形で世界を支配していると言って良い多国籍資本によるビジネスに，研究現場が組み込まれているからです。

96　「数学の研究業績評価について」『数学通信』第8巻3号，67-70頁，2003年。
97　先述したように，計測の対象になるのは過去3年間だけですから，長く引用されていくような古典的に重要な論文は計測の対象外となっているなど，インパクトファクターをめぐる問題点は，他にもあります。

「知を数で計る」仕掛け人たち

　先述したSCIなどの引用計測データベースには，クラリベイト・ア
ナリティクス社（もとは前述したトムソン・ロイター社）のWeb of Science
と，エルゼビア社のScopusと呼ばれる「二大」データベースがありま
す。トムソン・ロイターは，毎年秋，ノーベル賞が発表される頃にな
ると「受賞予測」なるものを発表し，それがニュースメディアに取り
上げられたりして，ご存じの読者も多いでしょう。またエルゼビア社
は，世界中の多くの学術雑誌の発行元となっていて，その購読料の高
さが各国の研究図書予算を圧迫していることも，よく知られています。
そして注目すべきことは，数によって業績を計る側全体が，多国籍企
業の巨大ビジネスとして深く結ばれている，ということなのです。

　2015年，モントリオール大学図書館情報学研究科のヴィンセント・ラ
リヴィエさんたちが大変興味深いデータを発表しました。Web of Science
に集積された1973年から2013年にかけての論文4500万本を解析すると，
この40年で，欧米に本拠を置く大手出版社5社，すなわちエルゼビア，
ワイリー－ブラックウェル，シュプリンガー（現在はシュプリンガー・ネ
イチャー），テイラー・アンド・フランシス，およびセージが多くの学術
メディアを手中に収め，集中度が特に高い心理学や社会科学，化学に
おいては，2013年に発表された論文のうち，実に70パーセント近くがこ
れら五つの学術出版社から発行される学術雑誌に掲載されたものだと
いいます（図2，図3）[98]。

98　Larivière, V, Haustein, S and Mongeon, P, "The oligopoly of academic publishers in the digital era" *PLoS ONE*
10(6): e0127502, 2015. doi: 10.1371/journal.pone.0127502.

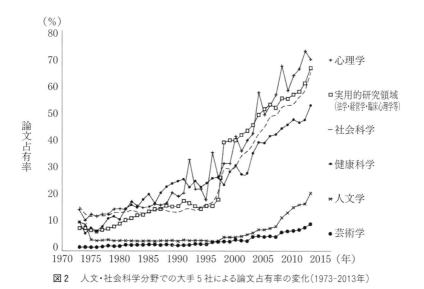

図2 人文・社会科学分野での大手5社による論文占有率の変化（1973-2013年）

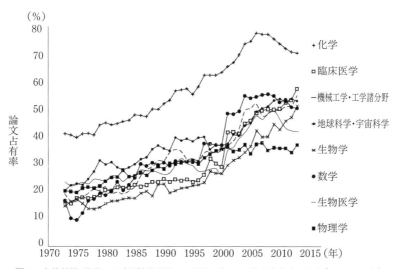

図3 自然科学・数学および医科学分野での大手5社による論文占有率の変化（1973-2013年）

表1 自然科学系の領域別学術雑誌平均価格（2014年 単位ドル）[99]

領域	ジャーナルの1誌平均価格
化学	4,215
物理学	3,870
機械工学	2,785
生命科学	2,520
天文学	2,234
食品科学	2,069
地質学	2,031
植物学	1,938
工学	1,876
数理科学	1,750
動物学	1,746
健康科学	1,479
農学	1,422
一般科学	1,370
地理学	1,308

　大手出版社の寡占による影響としてしばしば話題になるのは，先述した学術雑誌の購読料問題で，2014年に1誌あたりの平均価格が年間4215ドルすなわち約50万円であった化学分野を筆頭に（表1），学術雑誌の購入は大学の図書費を強烈に圧迫しています。学術雑誌の価格は，90年代以降の四半世紀で，領域によっては500パーセント以上高騰してきました（図4）。そのためたとえばオランダでは，購読料などの問題をめぐってエルゼビアと大学図書館間の交渉が決裂し，オランダ大学協会が，所属する研究者に対して，エルゼビア関連雑誌の編集責任者の立場や論文査読者としての役割をボイコットするよう呼びかけるという事態も生じたほどでした[100]。

99　Bosch, S and Henderson, K, "Steps down the evolutionary road: Periodicals price survey 2014", *Library Journal*, April 11, 2014.（http://lj.libraryjournal.com/2014/04/publishing/steps-down-the-evolutionary-roadperiodicals-price-survey-2014/）

100　国立国会図書館カレントアウェアネス・ポータル。https://current.ndl.go.jp/node/28854

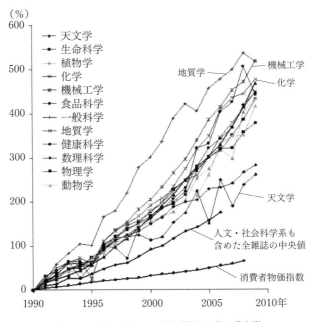

図4 1990年を基点とした学術雑誌の価格上昇率[101]

　これほどまでに欧米出版社による寡占状況が進むと，一歩間違えれば，発表機会の自由が妨げられたり，民間出版社のサーバーに集積された未発表の論文が密かに流出して悪用されるなどの大変な事態が起こりかねないと思うのですが，それは措いておきましょう。ここで私が指摘したいのは，世界の大半の学術雑誌を支配する出版社は，いずれも，多国籍の巨大情報産業の傘下にあって，その巨大多国籍情報産業は，自らを「ビジネスとプロフェッショナルのための，世界有数の知的情報源」とうたい，大学や研究機関へのコンサルティング，端的

101　Hooker, B., "Scholarly (scientific) journals vs total serials: % price increase 1990–2009", 2009. (http://sennoma. net/?p=624)

に言えば，「世界大学ランキング」に象徴される「格付け」向上のためのコンサルティングを行うことをビジネスとしている，ということです[102]。つまり，自らが集積した欧米語で書かれた学術雑誌から（決して完全とは言えない）データベースを作り，それで計ることで「格付け」を示し，さらには「格付け」を上げるためのコンサルティングを行うという仕掛けがあるということです。

「知を数で計る」思考はどこから来たか

こうした仕組みに気づいている人も少なくないのに，それでもなぜ知を数字で計ろうとするのか。デンマークの社会人類学者スーザン・ライトさんは，それは一種の自業自得かも知れないと言います。そもそも研究や教育のように複雑なものを数値化しそれに基づいて格付けするという方法は，元をただせば学生たちの学業を採点評価し序列づけするために大学が編み出したもので，今，それが時空を超えて旅したあげく，研究現場に舞い戻ってきたのだ。こんな皮肉を込めた一文で始まる論文で，ライトさんは「数」による知の序列化の歴史を辿ります。「数による評価」のルーツ自体が「専門外の知」として興味深いので，ライトさんの論考をここで紹介しておきましょう[103]。

19世紀の初め，ウェスト・ポイント（米国陸軍士官学校）の校長に就

---

102 藤井翔太「比較可能なデータシステム構築のために——欧州における新たなランキング・研究評価の動向」石川真由美編『世界大学ランキングと知の序列化——大学評価と国際競争を問う』京都大学学術出版会，2016年，297-323頁。

103 スーザン・ライト（石川真由美監訳）「誰のために，何のために？——大学ランキングと国家間競争」石川編前掲書『世界大学ランキングと知の序列化』，37-68頁。

任したシルヴァヌス・セイヤーは，フランスの高等教育機関エコール・ポリテクニークから，数値による成績評価方式を導入しました。学生全員の教科知識は，毎日，週に1度，半年に1度という頻度で試験され，規格化・標準化された7段階の数値尺度によって採点される。学生たちの適性，学習習慣，品行が軍人に十分ふさわしいか否かも，週ごと，月ごと，半年ごとの報告書に記載され，「優秀」から「凡庸」まで7段階の尺度によって評価づけされる。これら2種類の評価に基づいて，各学年の学生は成績別に四つにクラス分けされる。それぞれの学生は，自分の席次がどこであり，ランキングを引き上げるには何をすべきかをわきまえることができる。

> それは徹底的にヒエラルキーに基づく，反射的な指揮・伝達システムであり……士官学校内のすべての個人を絶えず可視化し，自らの行動に対して責任をもたせるものだった[104]。

学生たちの卒業後の最初の任務の「格」から始まって，在学中の成績は，軍人生活の全期間はもちろん，退官後も彼らについて回ることになります。ウェスト・ポイントの卒業生の中には，軍を退任後，民間に移る者も多く，こうしてこのシステムは，米国内の指導的なエンジニアたちを輩出し，さらに，兵器工場，鉄道，新興の製造企業におけるマネージャーを生み出したのです。要するに，米国実業界の組織編制は，陸軍士官学校の卒業生たちの経験的知識に大きく依拠していた，とライトさんは指摘します。

さらにこの経営システムはフォード・モーター社の社長時代のロバ

104　Hoskin, KW, and Macve, RH, "The genesis of accountability: The west point connections", *Accounting Organizations and Society*, 13(1): 37-73, 1988.

ート・マクナマラ[105]の下において頂点に達します。1950年代，マクナマラは，新たに登場したIBMのコンピュータを活用して評価表を作ります。各部門のマネージャーは目標値を指定され，それぞれの業績は，より上位の監督部門によって判定される。このようにして，極めて競争の激しい文化が形成され，各セクションは互いに競い合い，組織内での自分たちの地位を守るためにこのシステムを手段として用いるようになります。有名な経営学書『エクセレント・カンパニー——超優良企業の条件』[106]を書いたトム・ピーターズさんは，「（それによって）行き着いたのは，カネ勘定にしか関心がない会計担当者たち（bean-counter）によって運営される，偉大なる米国企業というわけだ」と指摘します[107]。その後マクナマラは国防長官として，同じシステムをベトナム戦争にもちこみ，「歴史，文化，政治に関する深刻な無知」を「ボディ・カウント」（死体を数えること）で補うという破滅的な過ちを犯します。すなわち，死体の数を基準に戦局を判断する[108]ことで，アメリカは敗北したとライトさんは指摘します。

　ところが，こうした失敗にもかかわらず，複雑な組織と活動の成果を示す数値指標は，1980年代に公共部門の管理に導入され，公共サービスの質，金額に見合う価値の有無，効率性の指標として「重要業績

105　アメリカの実業家，政治家。第二次世界大戦中，アメリカ陸軍航空軍統計管理局で戦略爆撃の解析および立案に従事，大戦後，他の統計管理局の若手将校とともにフォード・モーター社に最高経営幹部候補生として採用され，同社社長となり後に政界へ進出，米国防長官としてベトナム戦争を拡大しました。

106　大前研一訳，講談社，1983年，ロバート・ウォータマンとの共著。

107　Peters, T., "Tom Peters' true confessions", *Fast Company*. 53: 80–92, 2001.

108　アメリカ兵とベトナム兵の戦死者数を比べて，「これだけ多くのベトナム兵を殺したのだから自分たちは勝っている」と考えるような認識。しかし，強大な中国諸王朝と2000年以上対峙しながら独自性を保ち，フランス植民地主義に対しても命がけで闘って「独立ほど尊いものはない」と考えるベトナム人の精神価値を理解できなかったアメリカは，ベトナム戦争に敗北しました。

評価指標」（Key Performance Indicators：KPIs）が考案されます。それによっ
て，学校，高齢者向けサービス，病院などの公共サービスは数字に矮
小化され，それぞれの分野別「順位表」の上でランクされるようにな
る。陸軍士官学校における学生評価の手法が，「権力のテクノロジー」
として次々に社会のあちこちに移植されていく。その結果，「数えられ
るもの（カウントできるもの）」で計り，評価し，説明する，「アカウン
タビリティー」[109] という監査文化を作っていった，とライトさんは歴史
的に整理してくれます。

　もちろん，一般的に言えば，計量・統計という方法はある視点・あ
る範囲の科学的データを与えてくれますし，数による評価が常に無効
というわけでもありません。しかしそれが懲罰的に扱われたり，無用
な競争を組織するために使われたりすると，それは必ず歪みをもたら
します。にもかかわらずなぜそうした「数」による評価が広がるのか。

　一言で言えば「わかりやすい」からです。個々の事象を，その現場
において「現場の哲学」を動員・参照しながら分析し，それら現場の
分析を集積して丁寧に比較検討しながら，普遍的な問題と個別の問題
とを切り分けて考えていく。問題が複雑で大きいほど，そうした丁寧
な議論が必要なはずです。しかし，今日の社会には，それを厭う傾向
がある。たぶん間違いなく，「現場にいない側」にそうした傾向があ
る。計りやすい事柄だけで計っても，なにがしかは見えてきます。し
かしそれは物事のある限られた側面でしかない。しかし，そこで出て
きた数字を絶対視して行動の規矩とする。しかも何を計るかで見える
ものは違うので，「権力のテクノロジー」として使われれば，計る側
は，自らに都合が良いようにその基準を変えていくことさえできる[110]。

109　日本語では「説明責任」と訳されます。

その安直な思考と方法の結果は深刻です。たとえばそれが教育・研究への格付けに用いられ，社会がその順位表に関心と資源を集中させることは，「エリート」には利益を，「大衆」にはコストをもたらすという研究があります[111]。

　世界には1万7000以上もの大学があるのですが，世界の国々，特に日本をはじめアジアの国々では政治もマスコミも格付け競争に関心が高く，自国の大学を世界ランキングの「トップ100」入りさせるという，ほとんど強迫観念に近いものを社会に拡げています。少し考えればわかるように，大半の大学にとって「トップ100」入りすることはとうてい不可能です。なにしろ椅子は100しかないのだから。しかもその数値指標の一つ一つを上げようとすれば，大変な費用がかかります。多国籍情報産業が寡占する学術雑誌をもとに研究業績が数値化され，それを多国籍情報産業が格付けの対象とし，格付けされた大学に対して「ランキングを上げる」ためのコンサルティングをする。「マッチポンプ」[112]という言葉がありますが，こうしたサイクルに絡め取られてしまうと，すでに上位にある大学（「エリート」）が下落しないために，そこに限られた資金（言うまでもなく「大衆」から徴収される税がもとになる）を集中せざるを得ない。こうして資金は「エリート」に集中し，格差が広がるというわけです。

　このように，「知を数で計る」思考が強く社会を締め付けることで，

110　実際，「世界大学ランキング」では，計量する項目がしばしば変えられます。ですから，「××大学がランキングを下げ，○○大学が上がった」というニュースの背後には，単に評価項目を変えたためだという事情がある場合も少なくないのです。

111　Hazelkorn, E., "Learning to live with league tables and ranking: The experience of institutional leaders", *Higher Education Policy*, 21 (2): 193-215, 2008.

112　自分で問題やもめごとを起こしておいてから収拾を持ちかけ，何らかの報酬を受け取ろうとすること。

結果としては、「現場の知」を育む営み、すなわち、専門領域を越えた対話、組織の垣根を越えた連携などが蔑ろにされていく。「学びたいのに学べない」要因の一つがここにあることが見えてきたのではないでしょうか。こうした知の評価の枠組みを変えていくためにも、格差と分断が知の世界で進んでいる中だからこそ、専門を越えた対話を意識的に追求していくことが求められていると私は思うのです。

11
危機の時代を乗り越えるための知を

▎「知を数で計る」ことと「わかりやすい」

　もともと哲学も数学も天文学も医学も渾然一体となっていた古典時代から，個別科学が独立した領域になり，今の高度な科学技術社会・知識基盤社会に至ったように，学術が歴史の中で発展・分化するのは当然です。高度化，先端化，細分化によって，多くの市民にとって，学術研究の内容が見えにくくなっているのは，やむを得ないことではあります。しかし，専門の知が計量評価されることによって，専門家の間でさえ内容が問われなくなってしまえばどうなるのか。

　このように考えてくると，第Ⅰ部で指摘した「わかりやすい」パラダイムと今日の学術研究の評価方法が，深く関係し合っていることが見えてきます。私が第Ⅲ部で，「速読・多読」という社会圧力とその背後にある「数で計る」思考とを批判するのは，それらが，知の在り方を歪ませる評価文化と根っこのところでつながっていると思うからです。そして，その評価文化が「わかりやすい」パラダイムと一体になって，丁寧な知のコミュニケーションを妨げている。大隅さんや本庶さんが指摘されるように，重要なのが「数」であるとすれば，自ずと内容は問われなくなります。学術界においてさえそうであれば，研究

内容は社会からはますます見えにくくなる。そして「わかりやすい」パラダイムが，研究内容を丁寧に説明しそれを懸命に理解しようとする努力を阻む——それが社会にとって有益でないことは明らかです。社会に持ち込まれたこの仕組みをどう乗り越えるのか。

　複雑化する社会の中で，専門を越えた知の交流が求められていることは第Ⅰ部で考えた通りです。ならば，それを促す知の評価の在り方を模索すべきなのではないか。専門外の知を育むことは，そのための大切な前提だと思うのです。そして学術書を読むことは，そのための重要な知の技法だと思います。

┃「専門」を越えた対話で, 現実世界の見えない根に触れていく

　コラム①（42頁）で紹介した編集者の三浦衛さんは，ご自身の学術書を読むきっかけ，あるいはエンジンが，子どもの時から二つあったと仰います。一つは「寂しさ」で，ご出身の秋田では「寂しい」を「とじぇね」と言うらしいのですが，秋田で育った"とじぇねわらし"だった三浦さんが，授業で先生の話を聞く時間だけは，寂しくなかった。「先人の知を土台にしながら新しい知を明らかにしていく学術書ほど大いなる物語はない」という思いです。そしてもう一つが「違和感」。三浦さんが大学2年生の頃，夏休みで帰省すると，小さな工場に長い間勤めておられたお母様が，90万円の退職金が貰えると，いつになくうきうきしていた。当時，大企業ではすでに1000万円台の退職金が普通になっていた時代，90万円をもらって喜んでいる母の姿が目に焼き付いて，その違和感に，眠い眼を無理やりこじ開けて読んでいた『資本論』が俄かに切実さを増したと言います[113]。

　災害被害，格差社会，福祉や医療，環境破壊……。誰でも，この社会が複数の複雑な問題を抱えていることは感じるでしょう。それは何故なのか，どうすれば問題を乗り越えていけるのか。「先人の知の上で新しい知を作る」つまり様々な分野の様々な知を学ぶことで，自らそれを考えていく。三浦さんは，編集者として人が作り出す学知をまとめ学術書にすることは，「なまなましい世界に触れ，目に見えない大いなる根に触れていく」ことだと言います。私も，学術書に関わり続けた者として，全く同じ思いを持っています。

　この原稿を書いている2020年の春，世界は新型コロナウイルス感染症COVID-19のパンデミックに震撼させられています。そんな中，世界の識者が一致して指摘するのは，「ワクチンと薬だけでは，パンデミックを耐えられない」[114]「異なる「正しさ」の衝突のなかで，いかに民主主義を守る「解」を導きだすのか」[115]ということです。

　医学はもちろん重要です，政治学や経済学ももちろんそうです。しかしこの危機を乗り越えるには，それだけでは欠けている。疾病の拡がりを防ぐために人々の行動を制限しようとすれば，「自由か安全か」という問いにぶつからざるを得ない。しかしそうした問いを立てた途端に，そのいずれの概念にも，議論する上での定義が必要になる。というよりも，議論のための共通の定義を作り上げていくこと自体が，「自由」と「安全」それぞれの内実を形作ることであり，そうした議論の営みこそが，危機を乗り越えた先の未来につながるからです。そのために，「専門外の学び」「専門外の読書」が必要であることは，おわ

113　三浦衛「無限に触れる」『大学出版』117号，23-26頁，2019年。

114　藤原辰史「人文知を軽んじた失政　新型コロナ」『朝日新聞』2020年4月26日朝刊。

115　ユヴァル・ノア・ハラリ「脅威に勝つのは独裁か民主主義か」『朝日新聞デジタル』2020年4月15日。

かりいただけたかと思います。

　第一次世界大戦の時代は，いわゆる「スペイン風邪」（スペイン・インフルエンザ）が猛威を振るったときでもありました。当時の世界人口の 4 分の 1 にあたる 5 億人が感染し，死者は1700万人から5000万人，研究によってはそれ以上だったともされます。ヨーロッパ中を焼き払った戦争と人類史上最悪の感染症がもたらした災禍の中で，亡くなった人は，大戦後の方が多かったとも言います。そうした混乱の中で古典の知と出逢い，そこで抱いた問いに常に立ち返りながら現代物理学を拓き，迫害に晒されながらもナチスが支配するドイツに留まって，しかも生き抜いたハイゼンベルクはこう言います。

　　科学は人間によってつくられるものであります。これはもともと自明のことですが，簡単に忘れられてしまわれがちです。このことをもう一度思いかえすならば，しばしば嘆かれるような人文科学——芸術と，技術——自然科学という二つの文化の間にある断絶を少なくすることに役立つのではないでしょうか[116]。

　これからも，社会を揺るがす危機は何度も訪れるでしょう。そのたびに専門の知を越えた対話は必要になってきます。本書を読み終えた今，ぜひ学術書，しかも専門外の本を意識して手に取って，未来を切り拓いていただきたいと思うのです。

116　ハイゼンベルク前掲書『部分と全体』，vii頁。

あとがき——「対話型専門知」を求めて

「学術書とはなんだろう？」——これはほとんど常に反芻している，私にとっての大きな問いです。本書の冒頭では，あえて「学術書」についてごく緩い定義に止めました。そこでも書いたように，そもそも「学術」とそうでないものの境界とは何かという問いは，極めて論争的な事柄だからです。だからこそ，学術書の世界で口に糊する者にとって，答えの出せない，考え続けるべき問いだと思っているのです。

ただ，私にとって学術とはどういう存在かは，言葉にすることができます。いわゆる学術界——これは制度として他と明瞭に区別されて存在します[117]——に寄り掛かっている私にとって，学術は，敬意を払いその高い価値を認める対象であると同時に，その特権性を誇示するようなことは批判すべきであり，その限界についても知っておくべき対象だということです。もっと簡単に言えば，この世界を理解しそこにある問題を解決するために「学術」が大きな力を持つことは信じるが，「学術」の名で「それ以外」を批判することには慎重でありたい，ということです。

パレスチナ系アメリカ人の文学研究者エドワード・サイードは，著書『知識人とは何か』（*Representations of the Intellectual*）[118]の中で，専門分野に安住するのではなく，社会の中で思考し憂慮し続ける，「アマチュア」に徹することが知識人の要件であると言っています。もとより私は「知

117　大学・研究機関・学会・学術行政など。
118　エドワード・サイード『知識人とは何か』大橋洋一訳，平凡社ライブラリー，1998年。

識人」ではありませんが，サイードの主張にはうなずく点も多いので
す。ただ，それだけで良いのかどうか？　社会の主流におもねりそれ
に対して無批判である「専門家」に止まってはならないというサイー
ドのメッセージはその通りだとは思うのだけれど，そうしたいわば孤
高の存在であることが，本当に力になるのだろうか。複雑化する今日
の社会では，それだけでは問題の外側からの批判で止まってしまうの
ではないか。あえて状況に逆らわず，現場に巻き込まれ，しかも自ら
の頭で考え行動する実践力を持つ[119]。従属性の中の主体性，受動性の
中の能動性[120]というと矛盾した表現のようですが，そんなことが必要
ではないかとも感じてきたのです。本書で，専門の知を越えた対話で
現場の知を作っていくと繰り返し述べてきたのは，そうした私自身の
日々の思いからです。

　ここまで書いてきたとき，私は一冊の本に出逢いました。『専門知を再
考する』（*Rethinking Expertise*）[121]という本で，まさにこの「あとがき」の草
稿を書く直前，2020年の4月に翻訳刊行されたものです。この中で，
ハリー・コリンズとロバート・エヴァンズは専門知をいくつかに区分
してそれぞれを関係づけた上で，中でも，「対話型専門知（interactional
expertise)」が重要であると論じます。対話型専門知とは「ある専門分野
の，実践についての知識を欠いた，言語についての専門知」（同書：33-
34頁）であり，「身体ごとどっぷり関与している専門家と，それ以外の

119　清水展「巻き込まれ，応答してゆく人類学——フィールドワークから民族誌へ，そしてそ
　　の先の長い道の歩き方〈第11回日本文化人類学会賞・記念論文〉」『文化人類学』81巻3
　　号，391-412頁，2016年。
120　能動的受動性については，『群れは意識をもつ——個の自由と集団の秩序』PHPサイエン
　　ス・ワールド新書，2013年，など，郡司ペギオ幸夫さんの著作を参照のこと。
121　ハリー・コリンズとロバート・エヴァンズ著『専門知を再考する』奥田太郎監訳，名古屋
　　大学出版会，2020年。

人々との架け橋をもたらし，また，様々な専門的活動に幅広く関わる」
（同書：90頁）ための力だとされます。本書第Ⅰ部のたとえを用いれば，
防潮堤の建設や河川改修の工事に携わるほどの知識や実務能力はない
けれど，水文学や土木工学のアウトラインは理解して，それについて
関係する様々な立場の人々と議論することができる知，ということに
なりましょうか。私は，まさにこれだ，と思ったのです。詳しい内容
はぜひ同書を読んでいただくとして，本書で考えてきた事柄を対話型
専門知という概念で捉え直してみることが，次の私の課題になりまし
た。

＊　　＊　　＊

　それにしても私がしみじみ感じるのは，「人はちょうど良いときに，
ちょうど良い本に出逢うものだ」，ということです。私の好きな作家の
一人，北杜夫がそうした趣旨のことを書いていますが，私にも何度か
経験があり，このコリンズらの本との出逢いも，間違いなくその一つ
です。しかし，本との出逢い以上に人生を左右するのは，やはり人と
の出逢いでしょう。このあとがきを書くに到るまで，本当にたくさん
の方々のお世話になり，本来ならば，それらすべての方のお名前を挙
げて感謝の意を表したいのですが，紙幅の制限もあり叶いません。そ
こで，本書に直接関わってお世話になった方々のみお名前を挙げるこ
とを許していただきたいと思います。
　最初にお礼を申し上げたいのは，本書執筆の直接の契機を作ってい
ただいた，お二人の学生です。京都大学大学院人間・環境学研究科で
学ばれている西村綾夏さんは，冒頭でご紹介した一通のメールを送っ
てくださり，その後，ひと月にわたって私との議論に丁寧にお付き合
いいただきました。本書第Ⅱ部の骨格は，そのメールの往復の中で形
作られたものです。また，お目にかかったこともお話ししたこともな

いのですが，学術書の読書という，本来は自分などでは力及ばぬ問題について書くことを私に決意させて下さった丹伊田杏花さんには，この場をお借りして，御礼とご挨拶を致したいと思います。お二人とも，本当にありがとうございました。

もともと西村さんからメールをいただくきっかけになった「専門外の専門書の読書」の取り組みには，京都大学附属図書館のご賛同をいただき，その後も様々にお世話になっています。引原隆士館長はじめスタッフの皆さんに改めて御礼申し上げます。特に加藤晃一さん（現在は新潟大学学術情報部），赤澤久弥さん（現在は大阪大学附属図書館）には，大学図書館問題研究会での講演の機会を与えていただき，質疑応答も含めて，その際の発表内容を本書全体の筋立てに活かしました。お二人とともに，『大学図書館問題研究会誌』への拙論掲載にご尽力いただいた松原恵さんはじめ同研究会の皆さんに，厚く御礼申し上げます。

またこの講演の他にも，学術コミュニケーションの在り方や学術書の読書に関してあちこちでお話をしたりイベントを企画したりして，その都度，新しい論点を加えることができました。その機会を作っていただいた皆さん，中でも，大学共同利用機関法人人間文化研究機構の前機構長 立本成文先生はじめ理事・スタッフの皆さん，稲石奈津子さん，天野絵里子さん，神谷俊郎さん（現在は京都産業大学），佐々木結さんはじめ京都大学学術研究支援室の皆さん，朝日新聞東京本社の江刺洋子さん，後藤太輔さん，読売新聞東京本社の早乙女大さん，日江井俊男さん，和田浩二さん，本田佳子さん，公益財団法人生協総合研究所の小塚和行さん，さらに黒田拓也さんはじめ大学出版部協会の役員の皆さんには，日々の生業の上でも大変お世話になっています。平素よりのご支援，本当にありがとうございます。そして，それらイベ

ントの会場で大変刺激的なお話をいただいた布野修司先生，山内昌之先生，三中信宏先生，三浦衛さん，小泉周先生に，心より御礼申し上げます。

　さて，学術研究と社会との関係の在り方を考え続けることは，学術書編集者としての私の最大の駆動力です。そして，本文で何度もご紹介したように，その課題について，お目にかかるたびに新しい視点を与えてくださるのが佐藤文隆先生です。文系人間の私が理論物理学者としての先生に師事したことはないのですが，文字通り，人生全体としての学恩を受けていると思っています。そしてこのたびは，本書への力強い推薦のお言葉までいただきました。その学恩に，あらためて心より御礼申し上げます。そして佐藤先生はじめ，杉本良夫先生，苅谷剛彦先生，スーザン・ライト先生など，世界の第一級の論客との共著の機会を得て，私自身が学術書について本格的に考察する機会を与えていただいたのが，石川真由美先生です。さらにそこからのご縁で，佐藤郁哉先生と出逢うことができ，本書でも，上の先生方の議論を，多数，参照させていただきました。本当にありがとうございました。

　ところで，石川先生のご専門は文化（社会）人類学です。上にお名前を挙げた先生方の多くも，やはり人類学や社会学，地域研究をご専門にされています。振り返ってみると，私自身はフィールド科学を全く学んでいないのですが，日々最も多くお手伝いしているのが，文化（社会）人類学，生態人類学，地域研究，人類進化論，社会学といった分野のフィールドワーカーの方々です。職務上の担当分野の一つがそこにある，というのも理由の一部でしょうが，間違いなくそれは二義的で，なによりその分野の先生方のお話を伺うのが，心底楽しいのです。先に紹介したコリンズらは，その「対話型専門知」というアイデアが，彼らの社会学的フィールドワークの経験から浮上してきたと言

いますが[122]，こうした先生方は，学問の方法としても生き方としても，異文化・異社会の中に身を置き，自らの身体を通してそれを理解しようとし，自文化・自社会との相違に向き合う体験を通して，「身体ごとどっぷり関与している専門家と，それ以外の人々との架け橋をもたらし，また，様々な専門的活動に幅広く関わる」力を持っておられるからだと思います。

　そうしたフィールドワーカーの文字通りの代表（前日本文化人類学会会長）が清水展先生です。人類学者として初めて日本学士院賞を受賞した方ですが，その対象業績は，フィリピンの先住民に関わり続け，「現実の問題として目前にすすむ彼らの困難と希望に逡巡しつつも巻き込まれ応答してゆく」ご自身の生き方そのものも映し出されている民族誌『草の根グローバリゼーション』[123]です。先にサイードを紹介し，しかもサイードの提起を越える必要があると書きましたが，それはまさに，このあとがきを書いている最中に先生とお目にかかる機会があり，そこでのご発言そのものなのです。清水先生をはじめフィールドワーカーの皆さんの平素からのご厚情とご鞭撻に，心から感謝致しております。

　対話型専門知について私が完全に理解したわけではありませんが，このように振り返ってみると，それは「当事者としての媒介者に必要な力」と言えるような気がします。学術書の編集という仕事を突き詰めれば，研究の現場に巻き込まれそこでの媒介者としての役割を果たすことだ，というのが私の持論です。この役割を果たすには私自身はまるで未熟なのですが，本書を書き上げたことで，そしてこれからも

122　コリンズとエヴァンズ前掲書『専門知を再考する』，38頁。
123　清水展『草の根グローバリゼーション――世界遺産棚田村の文化実践と生活戦略』京都大学学術出版会，2013年。

学術書の読書に勤しむことで，いつか対話型専門知を実践できるようになりたいと思っているのですが，そうした思いに気負いがちになり筆が滑っていく私を常々諫めてくれるのが，『本の雑誌』（本の雑誌社）の装画を描かれている沢野ひとしさんの絵です。『本の雑誌』を読むたびに，「力を抜けよ」と諭されているように感じていました。その沢野さんに本書の装画を賜ったことは，まさか，と頰をつねりたくなるほどの喜びでした。沢野さん，そして沢野さんをご紹介いただき，前著『学術書を書く』に続いて素敵な装幀を作っていただいた鷺草デザイン事務所の上野かおるさん，本当にありがとうございました。

　最後に，本書でご紹介した優れた学術書の著者，翻訳者の皆さん，本書への書籍カバー写真の掲載をご快諾いただいた各出版社の皆さん，前著『学術書を書く』の共著者であり，本書にも丁寧なコメントを寄せていただいた桃夭舎の高瀬桃子さん，前著に続いてスタッフ自身が著者となる本の刊行を許していただいた，京都大学学術出版会理事長の末原達郎先生はじめ理事の先生方，企画制作に協力してくれた編集部，営業室，経営管理室の全スタッフ，中でも，西洋古典や古代哲学についていつも有益なアドバイスをしてくれる『西洋古典叢書』編集担当の國方栄二さんと和田利博さんに，心からの感謝を述べて，本書のまとめと致します。

2020年9月

鈴木哲也

参照文献

[引用した論文・書籍・資料・記事]

Bosch, S and Henderson, K (2014) "Steps down the evolutionary road: Periodicals price survey 2014", *Library Journal*, April 11, 2014. (http://lj.libraryjournal.com/2014/04/publishing/steps-down-the-evolutionary-roadperiodicals-price-survey-2014/)

Hamilton, DP (1991) "Research papers: Who's uncited now?", *Science*, 251 (4989): 25

Hazelkorn, E (2008) "Learning to live with league tables and ranking: the experience of institutional leaders", *Higher Education Policy*, 21 (2): 193-215

Hooker, B (2009) Scholarly (scientific) journals vs total serials: % price increase 1990-2009. (http://sennoma.net/?p=624)

Hoskin, KW and Macve, RH (1988) "The genesis of accountability: The west point connections", *Accounting Organizations and Society*, 13 (1): 37-73

Larivière, V, Haustein, S and Mongeon, P (2015) "The oligopoly of academic publishers in the digital era" *PLoS ONE*, 10 (6): e0127502, 2015. doi: 10.1371/journal.pone.0127502.59

Nickerson, RS (1998) "Confirmation bias: A ubiquitous phenomenon in many guises", *Review of General Psychology*, 2 (2): 175-220

Peters, T (2001) "Tom Peters' true confessions", *Fast Company*, 53: 80-92

Ramasarma, T (2014) "Trendy science research communications", *Current Science*, 106 (4): 506-508

アリストテレス／出隆訳 (1959)『形而上学』岩波文庫

井上俊 (1992)「日本文化の百年――「適応」「超越」「自省」のダイナミクス」『悪夢の選択――文明の社会学』筑摩書房，81-108頁

大隅良典 (2017)「インタビュー　どうなる日本の科学 (9)」日刊工業新聞社『ニュースイッチ』(2017年12月29日)，https://newswitch.jp/p/11497

奥武則 (1988)「「学術図書」と新聞の読書欄」『大学出版』第5号：4

ガイウス・プリニウス・カエキリウス・セクンドゥス (小プリニウス)／國原吉之助訳 (1999)『プリニウス書簡集――ローマ帝国一貫紳の生活と信条』講談社学術文庫

苅谷剛彦 (2018)「「大学性悪説」による問題構築という〈問題〉――大学改革における言語技法の分析」佐藤郁哉編著『50年目の「大学解体」20年後の大学再生――高等教育政策をめぐる知の貧困を越えて』京都大学学術出版会，3-58頁

苅谷剛彦 (2019)『追いついた近代 消えた近代――戦後日本の自己像と教育』岩波書店

苅谷剛彦（2020）「学者は—それでも—なぜ本を書くのか──研究評価と学術書」『大学出版』121号：1‑6

岸本重陳（1985）「ひと月五千ページを」『世界』1985年5月号：105‑109

クインティリアヌス／森谷宇一・戸高和弘・伊達立晶・吉田俊一郎訳（2016）『弁論家の教育4』京都大学学術出版会

國方栄二（2019）『ギリシア・ローマ　ストア派の哲人たち──セネカ，エピクテトス，マルクス・アウレリウス』中央公論新社

郡司ペギオ幸夫（2013）『群れは意識をもつ──個の自由と集団の秩序』PHPサイエンス・ワールド新書

後藤太輔（2019）「論の芽　文系と理系の壁，学びたいことが学べないのでは？　大学生・丹伊田杏花さんに聞く」『朝日新聞』2019年8月6日付朝刊

コリンズ，ハリーとエヴァンズ，ロバート／奥田太郎監訳（2020）『専門知を再考する』名古屋大学出版会

サイード，エドワード／大橋洋一訳（1998）『知識人とは何か』平凡社ライブラリー

齋藤孝（2012）『古典力』岩波新書

佐藤郁哉（2018）「英国の研究評価事業──口に苦い良薬かフランケンシュタイン的怪物か？」佐藤郁哉編著『50年目の「大学解体」20年後の大学再生──高等教育政策をめぐる知の貧困を越えて』京都大学学術出版会，223‑306頁

佐藤郁哉（2020）「「論文化」の行き着く先にあるもの──学術コミュニケーションの植生遷移」『大学出版』121号：14‑19

佐藤郁哉編著（2018）『50年目の「大学解体」20年後の大学再生──高等教育政策をめぐる知の貧困を越えて』京都大学学術出版会

佐藤文隆（2019）『ある物理学者の回想──湯川秀樹と長い戦後日本』青土社

佐藤文隆・山内昌之（2014）トークイベント「将来リーダーになる君へ──専門外の専門書を読む」『読売新聞』2014年8月29日付朝刊

島田周平（2007）『アフリカ　可能性を生きる農民──環境―国家―村の比較生態研究』京都大学学術出版会

清水展（2013）『草の根グローバリゼーション──世界遺産棚田村の文化実践と生活戦略』京都大学学術出版会

清水展（2016）「巻き込まれ，応答してゆく人類学──フィールドワークから民族誌へ，そしてその先の長い道の歩き方〈第11回日本文化人類学会賞・記念論文〉」『文化人類学』81巻3号：391‑412

鈴木哲也（2015）「「専門外の専門書を読む」読書会——21世紀市民の「教養教育」を大学出版部が担う」『大学出版』第103号：20-23

鈴木哲也（2016）「知のコミュニケーションの再構築へ——学術出版からランキングと大学評価を考える」石川真由美編『世界大学ランキングと知の序列化——大学評価と国際競争を問う』京都大学学術出版会，159-196頁

鈴木哲也（2018）「講演会：『学術書を書く』から学術書を「読む」へ——本を軸にした知のコミュニケーションの技法を考える」『大学図書館問題研究会誌』第44号：13-37

鈴木哲也（2020）「「大きな問い」を取り戻すために——「ジャーナル駆動型研究」を乗り越える実践を」『大学出版』121号：20-26

鈴木哲也・高瀬桃子（2015）『学術書を書く』京都大学学術出版会

セネカ／高橋宏幸・大芝芳弘訳（2005／2006）『倫理書簡集Ⅰ，Ⅱ』（『セネカ哲学全集』第5巻，第6巻）岩波書店

総務省統計局（2020）第69回『日本統計年鑑』

竹内洋（2003）『教養主義の没落——変わりゆくエリート学生文化』中公新書

ディオゲネス・ラエルティオス／加来彰俊訳（1994）『ギリシア哲学者列伝』（下巻）岩波書店

テット，ジリアン／土方奈美訳（2016）『サイロ・エフェクト——高度専門化社会の罠』文藝春秋

デュドネ，ジャン／高橋礼司訳（1989）『人間精神の名誉のために——数学讃歌』岩波書店

朝永振一郎（1969）「玉城先生の追憶」『玉城教授記念講演集No. 1』京都理学研究協会玉城記念会，7-13頁

日本数学会（2003）「数学の研究業績評価について」『数学通信』第8巻3号：67-70

ハイゼンベルク，ヴェルナー／尾崎辰之助訳（2006）「自然科学と古典的教育」『現代物理学の自然像』（新装版）みすず書房，54-59頁

ハイゼンベルク，ヴェルナー／尾崎辰之助訳（2006）「人間と自然の相互作用の一部としての自然科学——技術と生活様式の変化」『現代物理学の自然像』（新装版）みすず書房，14-16頁

ハイゼンベルク，ヴェルナー／山崎和夫訳（1999）『部分と全体——私の生涯の偉大な出会いと対話』（新装版）みすず書房

箱田裕司・都築誉史・川畑秀明・萩原滋（2010）『認知心理学』有斐閣

長谷川一（2003）『出版と知のメディア論——エディターシップの歴史と再生』みすず書房

ハラリ，ユヴァル・ノア（2020）「脅威に勝つのは独裁か民主主義か」『朝日新聞デジタル』2020年4月15日

パワーズ，トマス／鈴木主税訳（1994）『なぜナチスは原爆製造に失敗したか──連合国が最も恐れた男・天才ハイゼンベルクの闘い』福武書店

藤井翔太（2016）「比較可能なデータシステム構築のために──欧州における新たなランキング・研究評価の動向」石川真由美編『世界大学ランキングと知の序列化──大学評価と国際競争を問う』京都大学学術出版会，297-323頁

藤澤令夫（1995）『「よく生きること」の哲学』岩波書店

藤野雅之（1988）「読書欄の編集事情」『大学出版』第5号：5

藤原辰史（2020）「人文知を軽んじた失政　新型コロナ」『朝日新聞』2020年4月26日朝刊

本庶佑（2019）「2018年12月26日に京都大学で行われた記者会見」『週刊日本医事新報』No.4942：6

三浦衛（2019）「無限に触れる」『大学出版』117号：23-26

三中信宏（2019）「学術書を読む愉しみと書く楽しみ──私的経験から」『大学出版』117号：1-8

三中信宏・三浦衛・鈴木哲也（2018）鼎談「学術書を読む──『専門』を越えた知を育む」（2018年2月，朝日新聞社主催「築地本マルシェ」）『朝日新聞』「好書好日」https://book.asahi.com/article/11795353

森崇英（2010）『生殖・発生の医学と倫理──体外受精の源流からiPS時代へ』京都大学学術出版会

文部科学省科学技術・学術審議会（2009）「知識基盤社会を牽引する人材の育成と活躍の促進に向けて」

文部科学省科学技術・学術審議会（2013）「東日本大震災を踏まえた今後の科学技術・学術政策の在り方について（建議）」

矢野眞和（2015）「学習効率から雇用効率への接続──学び習慣仮説の提唱」『大学の条件──大衆化と市場化の経済分析』東京大学出版会，191-203頁

山崎和夫（2004）「ハイゼンベルクとゲーテ」ゲーテ自然科学の集い編『モルフォロギア──ゲーテと自然科学』26号：15-25

ライト，スーザン／石川真由美監訳（2016）「誰のために，何のために？──大学ランキングと国家間競争」石川真由美編『世界大学ランキングと知の序列化──大学評価と国際競争を問う』京都大学学術出版会，37-68頁

[参照した新聞記事・ウェブサイト・データベースなど]

学術情報データベースCiNii

気仙沼市防潮堤を勉強する会 https://seawall.info/

国立国会図書館カレントアウェアネス・ポータル https://current.ndl.go.jp/

三中信宏 読書ブログ「leeswijzer: een nieuwe leeszaal van dagboek」https://leeswijzer.hatenadiary.com/

［専門外の専門書の読書のための選書の
一例として本書の中で紹介した書籍］

岡原正幸（編著），小倉康嗣・澤田唯人・宮下阿子（著）『感情を生きる——パフォーマティブ社会学へ』慶應義塾大学出版会，2014年

ガイウス・プリニウス・カエキリウス・セクンドゥス（小プリニウス）／國原吉之助訳『プリニウス書簡集——ローマ帝国一貫紳の生活と信条』講談社学術文庫，1999年

カルキディウス／土屋睦廣訳『プラトン『ティマイオス』註解』京都大学学術出版会，2019年

クマール，マンジット／青木薫訳『量子革命——アインシュタインとボーア，偉大なる頭脳の激突』新潮文庫，2017年

小浜正子『一人っ子政策と中国社会』京都大学学術出版会，2020年

コリンズ，ハリーとエヴァンズ，ロバート／奥田太郎監訳『専門知を再考する』名古屋大学出版会，2020年

サイード，エドワード／大橋洋一訳『知識人とは何か』平凡社ライブラリー，1998年

齋藤孝『古典力』岩波新書，2012年

佐藤文隆『アインシュタインの反乱と量子コンピュータ』京都大学学術出版会，2009年

清水展『草の根グローバリゼーション——世界遺産棚田村の文化実践と生活戦略』京都大学学術出版会，2013年

シン，サイモン／青木薫訳『宇宙創成』新潮文庫（上下巻），2009年

ジョンソン，スティーブン／大田直子訳『世界をつくった6つの革命の物語——新・人類進化史』朝日新聞出版，2016年

竹内洋『教養主義の没落——変わりゆくエリート学生文化』中公新書，2003年

テット，ジリアン／土方奈美訳『サイロ・エフェクト——高度専門化社会の罠』文藝春秋，2016年

デュドネ，ジャン／高橋礼司訳『人間精神の名誉のために——数学讃歌』岩波書店，1989年

ハイゼンベルク，ヴェルナー／尾崎辰之助訳『現代物理学の自然像』みすず書房，新装版，2006年

ハイゼンベルク，ヴェルナー／山崎和夫訳『部分と全体——私の生涯の偉大な出会いと対話』みすず書房，新装版，1999年

箱田裕司・都築誉史・川畑秀明・萩原滋『認知心理学』有斐閣，2010年

羽田正『グローバル化と世界史』東京大学出版会，2018年

ハント，リン／松浦義弘訳『人権を創造する』岩波書店，2011年

廣田襄『現代化学史——原子・分子の科学の発展』京都大学学術出版会，2013年

フェリル，アーサー／鈴木主税・石原正毅訳『戦争の起源——石器時代からアレクサンドロスにいたる戦争の古代史』ちくま学芸文庫，2018年

プルタルコス／瀬口昌久訳『モラリア 1』京都大学学術出版会，2008年

ボダニス，デイヴィッド／吉田三知世訳『電気革命——モールス，ファラデー，チューリング』新潮文庫，2016年

ホメロス／松平千秋訳『イリアス』岩波文庫，1992年

堀真理子『反逆者たちのアメリカ文化史——未来への思考』春風社，2019年

松原國師『西洋古典学事典』京都大学学術出版会，2010年

マルクス，カール『資本論』（向坂逸郎訳，岩波文庫，1969-1970年全9巻など）

山本紀夫『梅棹忠夫——「知の探検家」の思想と生涯』中公新書，2012年

ラングミューアー，チャールズ・Hとブロッカー，ウォリー／宗林由樹訳『生命の惑星——ビッグバンから人類までの地球の進化』京都大学学術出版会，2014年

ワイル，ヘルマン／内山龍雄訳『空間・時間・物質』ちくま学芸文庫（上下巻），2007年

索　引

[著者紹介]

鈴木　哲也（すずき　てつや）

京都大学学術出版会専務理事・編集長
京都大学文学部および教育学部に学ぶ。出版社勤務を経て2006年より現職。

著書に、『学術書を書く』（2015年，高瀬桃子との共著），『世界大学ランキングと知の序列化——大学評価と国際競争を問う』（2016年，分担執筆），『京都の「戦争遺跡」をめぐる』（1991年／増補版1996年，池田一郎との共著）など。

学術書を読む　　　　　　　　　　　　　　　　　　　　　©T. Suzuki 2020

2020 年 10 月 10 日　初版第一刷発行
2024 年 6 月 15 日　初版第五刷発行

著　者　　鈴　木　　哲　也
発行人　　足　立　　芳　宏
発行所　京都大学学術出版会

京都市左京区吉田近衛町69番地
京都大学吉田南構内 (〒606-8315)
電　話 (075) 761 - 6182
FAX (075) 761 - 6190
Home page http://www.kyoto-up.or.jp
振　替 01000 - 8 - 64677

ISBN 978-4-8140-0301-3

装画・挿絵　沢野ひとし
装幀　鷺草デザイン事務所
印刷・製本　亜細亜印刷株式会社
定価はカバーに表示してあります

Printed in Japan

学術書を書く

鈴木哲也・高瀬桃子 著

（京都大学学術出版会 編集長）　　（桃天舎 主宰）

定価：本体1,700円＋税　A5判 並製　160頁　ISBN978-4-87698-884-6

**ただ書いても評価されない時代に，
読まれるものをどう書くか──**

学術コミュニケーションの変遷とその本質
的問題まで立ち返って，読者の措定，編成
と記述の在り方，読まれるための演出の方
法など，原理的・実践的に論じた初めての
手引き．厳しい研究競争下にある，すべて
の研究者・研究機関必読．

＊　　　　＊　　　　＊